David Cross

Seelenbindungen
Wie Beziehungen uns beeinflussen

David Cross

Seelenbindungen

Wie Beziehungen uns beeinflussen

cap-books

Bestell-Nr.: 52 50416
ISBN 978-3-86773-021-1

Alle Rechte vorbehalten

© 2008 der deutschen Ausgabe:

cap-books by cap-music
Oberer Garten 8
D-72221 Haiterbach-Beihingen
www.cap-music.de

Übersetzung: Ingo Schreurs
Bibelzitate (wenn nicht anders angegeben):
Revidierte Elberfelder Übersetzung © 1985/1991/2006 R. Brockhaus Verlag

Originally published in English under the title:
David Cross: Soul Ties – The Unseen Bond in Relationships
© Sovereign World Ltd.
Ellel Grange, Ellel
Lancaster
LA2 0HN
England

Grafik: Olaf Johannson, spoon design
Satz und Druck: Schönbach-Druck GmbH, Erzhausen

Inhalt

Vorwort... 7

Einführung... 9

Kapitel 1   An die Vergangenheit gebunden........................ 11

Kapitel 2   Vergangene und gegenwärtige Beziehungen......... 23

Kapitel 3   Woran erkennt man eine seelische Bindung?...... 43

Kapitel 4   Positive Bindungen.. 57

Kapitel 5   Negative Bindungen....................................... 71

Kapitel 6   Wie negative Bindungen uns schaden können.... 93

Kapitel 7   Ein tieferer Blick in Gottes Wort..................... 107

Kapitel 8   Jesus macht die Gefangenen frei...................... 121

Kapitel 9   Was kann ich tun?... 133

Kapitel 10   Frei bleiben... 151

Über den Autor... 163

Über Ellel Ministries.. 164

Weitere empfehlenswerte Bücher................................ 166

Vorwort

Ich freue mich, dass David Cross einen solch klaren und hilfreichen Überblick über ein Thema liefert, das viel wichtiger ist als allgemein angenommen. In der ersten Jahren von Ellel Ministries haben wir oft darum gerungen, Menschen zur Freiheit zu verhelfen, ohne damals schon richtig verstanden zu haben, welch starke Macht ungöttliche Seelenbindungen über Menschen haben können. Nachdem wir diesen Zusammenhang aber grundsätzlich verstanden hatten, waren wir in der Lage, Menschen zu helfen, über Beziehungen der Vergangenheit, die nicht in Gottes Ordnung waren, Buße zu tun und Menschen zu vergeben, die sie in solchen falschen Beziehungen gefangen gehalten hatten. Als Folge sahen wir einige erstaunliche Durchbrüche im Leben dieser Menschen.

Ich bete, dass Menschen, die dieses Buch lesen, anschließend einige Dinge in einem neuen Licht sehen können; dass dieses Buch ihnen helfen kann, Beziehungsfragen, die ihr ganzes bisheriges Leben beeinflusst haben, besser zu verstehen und von da an in Freiheit weiterzugehen, weil sie erfahren haben, dass die praktische Umsetzung der Wahrheit aus dem Wort Gottes Menschen wahrhaftig frei macht.

Peter Horrobin
Internationaler Leiter von Ellel Ministries

Einführung

Warum brauchen Christen überhaupt ein Buch über seelische Bindungen? Es gibt im Heilungsdienst einige sehr gute Schlüssel, damit Menschen frei werden und es ihnen wirklich gut geht. Gott hat uns diese Schlüssel auf zuweilen wirklich wunderbare Weise entdecken und verstehen lassen, indem wir unter der Anleitung des Heiligen Geistes lernten, bestimmte Prinzipien des Reiches Gottes, wie wir sie im Wort Gottes finden, anzuwenden. Seit einigen Jahren sind wir nun dazu übergegangen, das, was Gott uns gezeigt hat, auf Konferenzen, durch Schulungen und während Heilungswochen weiterzugeben. Es ist uns ein echtes Herzensanliegen, all das, was wir entdecken durften, mit anderen Christen zu teilen, damit möglichst viele Menschen Heilung erfahren.

Eines dieser wichtigen Prinzipien besteht darin, dass das Leben vieler Menschen durch geistliche Bindungen in Beziehungen festgehalten wird, die großen emotionalen und sogar körperlichen Schaden anrichten können. Eine solche Bindung kann man als eine ungöttliche Seelenbindung bezeichnen. Damit ist ein unsichtbarer Einfluss gemeint, der einem Menschen mit Gewalt den Frieden raubt, den Gott für alle seine Kinder vorgesehen hat. Als unser Team anfing, dies zu verstehen und die sich daraus ergebenden Schlussfolgerungen im Leben der Menschen, die uns um Hilfe baten, anzuwenden, sahen wir weit mehr durchgreifende und anhaltende Veränderungen hin zu mehr Freiheit und Heilung als je zuvor.

Die umfassende Erlösung, die Jesus am Kreuz erworben hat, schafft die Möglichkeit, dass die ganze Menschheit auf eine wirklich überwältigende und tiefgreifende Weise gesunden kann. Gott hat für jeden von uns einen Lebensplan, doch ungeheilte und unbehandelte Schäden können verhindern, dass der volle Umfang seiner Absichten für uns verwirklicht wird. Wenn wir nicht verstehen, wodurch unser Leben Schaden gelitten hat und wie Gott beabsichtigt, diesen Schaden zu beheben, dann kann uns dies davon abhalten, Gottes Vergebung, Freiheit und Heilung zu erleben (sie zu anzunehmen und zu empfangen).

Echte Heilung ist immer eine Wirkung der Gnade Gottes und hängt allein von seinem souveränen Handeln ab und nicht mit der Anwendung irgendwelcher Methoden oder Prinzipien. Trotzdem können wir dazu beitragen – wenn wir die Wurzeln dessen, was in unserem Leben in Unordnung ist, verstehen und wissen, auf welche Weise Jesus Gefangene befreit – dass Gott mehr Gelegenheit und bessere Voraussetzungen findet, uns zu heilen und damit uns auch brauchbarer zu machen für den Dienst in seinem Reich.

Kapitel 1

||||||||||||||||||||||||||||||||||||||||||||||||||||||||||||||||||||||||||||||||||||||||||||||||||||||||||||||||||||||||||||||||||||||||

An die Vergangenheit gebunden

Das Unsichtbare holt uns ein

Der Heilungsdienst im Leben von Jesus

Mary war schon viele Jahre Christin und hatte schon manches mit Gott erlebt, aber sie sehnte sich danach, mehr von Gottes Heilung in ihrem Leben zu erfahren. Als wir für sie beteten, erinnerte sie sich plötzlich an eine Begebenheit, die sich ereignete, als sie acht Jahre alt war. Ein älterer Junge hatte den Kontakt mit ihr gesucht, worauf es zu sexuellen Übergriffen durch den Jungen kam. Dieses Erlebnis hatte sie sehr beunruhigt und verwirrt zurückgelassen. Nun hatte sie schon viele Jahre nicht mehr daran gedacht, als der Herr ihr dieses Erlebnis wieder in Erinnerung brachte, um sie zu heilen.

In dem Moment, als Mary dem Jungen vergab, was er ihr angetan hatte, konnte sie die Gegenwart des Jungen geradezu körperlich spüren und die Erinnerung daran, wie schmutzig sie sich damals gefühlt hatte, lebte noch einmal in ihr auf. Gemeinsam baten wir den Herrn, sie von dem unsichtbaren geistigen Einfluss zu befreien, den der Junge offenbar immer noch auf sie gehabt hatte. Als die heilende und befreiende Kraft Gottes an ihr wirkte, gab Mary einen sehr tiefen Seufzer von sich. Sie sagte uns anschließend, dass sie ein geradezu überwältigendes Gefühl der Erleichterung erlebte, als sie von der Beschmutzung durch diesen Jungen befreit wurde. Auf einer ganz tiefen Ebene erfuhr sie ein bis dahin nicht gekanntes Gefühl der Reinheit. Marys Erfahrungen zeigten, wie real der geistige Einfluss war, der sie fünfzig Jahre lang mit diesem Jungen verbunden hatte. Durch Jesus hatte sie nun endlich echte Freiheit empfangen. Von derartigen geistigen Einflüssen in Beziehungen, für die ich im Folgenden den Begriff Seelenbindungen oder seelische Bindungen verwenden möchte, handelt dieses Buch.

Wir lernen und entdecken fortwährend Neues auf dem Weg der Freiheit und der Ganzheit, wenn wir das, was Jesus für jeden von uns am Kreuz erworben hat, im eigenen Leben anwenden. Im Leben mit unserem Herrn erfahren wir immer mehr seine Reinheit, aber wir erkennen auch zunehmend, was es bedeutet, Teil dieser gefallenen und sündigen Welt zu sein. Unter der Leitung des Heiligen Geistes müssen wir über das Vordergründige der natürlichen, greifbaren Welt um uns herum hinaus blicken und die Bedeutung der geistigen Welt, die alles menschliche Leben bestimmt, erkennen.

Zwar können wir die geistige Welt nicht mit unseren Augen sehen, trotzdem ist sie nicht weniger real und hat nicht weniger Einfluss auf unser Wohlergehen, als das, was wir sehen und berühren können. Die geistige Gebundenheit und innere Verunreinigung, die durch negative Beziehungen entsteht, kann, auch wenn sie oft tief im Herzen verborgen bleibt, den ganzen Leib in Unordnung bringen.

Die sichtbare und die unsichtbare Welt

Wenn wir sehen, dass etwas mit einem Menschen nicht stimmt, dann ist man schnell versucht, darin nur eine Auswirkung seiner sichtbaren Lebensumstände zu sehen. Als ich vor einigen Jahren in Indien war, bat man uns, für einen Christen zu beten, dessen Beine gelähmt waren. Zunächst dachten wir, diese Behinderung sei die Folge eines Sturzes oder eines Unfalls gewesen, es fand sich aber keine solch offensichtliche Ursache in seinem Leben.

Natürlich können konkrete Erschütterungen oder ein ungesunder Lebensstil körperliche Schäden verursachen, doch weist Jesus uns immer wieder darauf hin, wie wichtig es ist, über die rein physische Welt hinaus zu blicken. Wir müssen lernen, geistlich zu unterscheiden, was tatsächlich mit den sichtbaren Lebensumständen zusammenhängt und was nicht. Die Gefangenschaft der Menschen, von der Jesus spricht, ist nicht die eines Häftlings im Gefängnis, sondern der Einfluss, den unsichtbare Mächte durch die Sünde auf uns Menschen haben. Jesus hatte den Auftrag und das Ziel, uns zu zeigen, wie real diese geistige Gebundenheit ist und allen Menschen zu sagen, dass Befreiung daraus möglich ist:

„...er hat mich gesandt, Gefangenen Freiheit auszurufen und Blinden, dass sie wieder sehen..."
(Lukas 4,18)

Es scheint offensichtlich, dass der gelähmte Mann, der auf einer Bahre zu Jesus gebracht wurde, zuerst Vergebung seiner Sünden brauchte, denn Jesus sagt zu ihm als Erstes: *„Sei guten Mutes, Kind, deine Sünden sind vergeben."* (Matthäus 9,2). Als die geistige Gebundenheit, verursacht durch nicht vergebene Sünde, beseitigt war, wurde er auch umgehend von seiner körperlichen Lähmung geheilt. Alle Umstehenden dachten, das Problem läge darin, dass dieser Mann nicht laufen konnte, doch Jesus wusste ganz genau, dass die Befreiung viel tiefer gehen musste, damit sein Leben wieder wirklich in Ordnung kommen konnte.

Wir waren überglücklich, als wir merkten, dass es sich mit dem Mann in Indien genauso verhielt. Er bekannte, dass er sich in jüngster Zeit wieder der Anbetung der Hindu-Götter zugewandt hatte. Als er davon umkehrte und Gottes Vergebung empfing, wurde er von der Lähmung, die seinen Körper im Griff hielt, vollkommen geheilt.

Pilatus verhörte Jesus, nachdem dieser verhaftet worden war, und wollte herausfinden, ob Jesus wirklich ein neuer König der Juden war und dadurch eine Bedrohung für die römische Herr-

schaft dargestellt hätte. Jesus bestätigte daraufhin, dass er in der
Tat ein König sei, dass sein Königreich aber in einem Bereich läge,
den Pilatus nicht sehen konnte. Weiter erklärte er, dass nur die
Menschen, die ihm nachfolgten, wirklich verstehen würden, wo-
von er sprach:

> *„Mein Reich ist nicht von dieser Welt... Du sagst es, dass ich*
> *ein König bin... Jeder, der aus der Wahrheit ist, hört meine*
> *Stimme."*
>
> (Johannes 18,36-37)

Doch was genau ist diese unsichtbare oder geistige Welt? Es ist
eine Dimension der Wirklichkeit, die nur vom menschlichen Geist
erfasst werden kann. Wir sind so viel mehr als nur körperliche
Wesen und als Menschen sind wir einzigartig in Gottes gesamter
Schöpfung. Er hat uns ausdrücklich nach seinem Bild geschaffen.
Jesus sagt, dass er gekommen ist, die Augen der Blinden zu öffnen.
Die Blindheit, die Jesus hier meint, ist jedoch nicht die Unfähigkeit,
mit den Augen unseres Körpers zu sehen, vielmehr meint er die
Blindheit des menschlichen Geistes. Gott ist Geist und wir sind
aus dem Staub der Erde geschaffene geistige Wesen, durch Gott
Schöpferkraft ist eine lebendige Seele entstanden. In 1. Mose 2,7
lesen wir:

> *„Da bildete Gott, der Herr, den Menschen aus Staub vom*
> *Erdboden und hauchte in seine Nase Atem des Lebens, so*
> *wurde der Mensch eine lebende Seele."*

Jesus erklärte dem Paulus auf der Straße nach Damaskus, dass die
geistige Welt für Menschen, deren Augen des Geistes nicht geöffnet sind, verdunkelt sein kann:

> *„... zu denen ich dich sende, ihre Augen zu öffnen, dass sie*
> *sich bekehren von der Finsternis zum Licht und von der*
> *Macht des Satans zu Gott..."*
>
> (Apostelgeschichte 26,17-18)

Jesus sagt, dass diese Welt der Herrschaftsbereich Satans ist. Wenn Menschen jedoch Christus als Herrn annehmen und ihm folgen, dann werden die Augen ihres Geistes geöffnet und sie sind von da an in der Lage, das wunderbare Licht der Herrschaft Gottes zu sehen. Bezeichnend für die geistige Welt ist, dass sie außerhalb von Raum und Zeit existiert und doch unser in Raum und Zeit ablaufendes Leben zum Guten oder zum Bösen zu beeinflussen vermag.

Ein Beispiel: Das Wort Gottes sagt, dass Eltern ihre Kinder in Verantwortung vor Gott aufziehen und zu ihm hinführen sollen, damit das Leben der Kinder unter dem Segen Gottes steht. Traurigerweise tun viele Eltern das nicht und setzen ihre Kinder dadurch schädlichen Einflüssen statt dem Segen Gottes aus, sie bringen sie in Gebundenheit statt in den Bund. Eine geistige Gebundenheit, deren Ursache schon sehr früh im Leben eines Menschen liegt, kann ihre Wirkungen bis in die Gegenwart hinein entfalten, und nur Gott allein ist in der Lage, Raum und Zeit zu überbrücken und uns von diesen schädlichen Wirkungen zu befreien. Wenn wir uns mit dieser unsichtbaren Welt und dem, was die Bibel darüber sagt, auseinandersetzen, dann entdecken wir sehr schnell, dass die ganze Menschheit in geistiger Finsternis gefangen ist und wie wichtig es Gott ist, hier zu befreien und zu heilen.

Das Ereignis, das Marys Seele so beschmutzt hatte und von dem wir zu Beginn dieses Kapitels sprachen, war vor fünfzig Jahren geschehen und doch hatten die Auswirkungen dieser kurzen, aber verhängnisvollen Begegnung sie geistig an das Ereignis und an die Person gebunden – bis zu dem Tag, da Gott ihr dies offenbarte und sie dadurch in die Freiheit führte.

Jesus weiß sehr genau, was zu unserer Gebundenheit geführt hat

In Lukas, Kapitel 13 steht eine erstaunliche Geschichte. Dort heißt es, dass Jesus am Sabbat in einer Synagoge lehrte, als eine Frau mit stark verkrümmtem Rücken zu ihm kam und um Heilung bat. Jesus spricht voller Mitgefühl mit ihr und befreit sie dann von dieser starken geistigen Bindung, die ihren ganzen Körper schon seit achtzehn Jahren in Mitleidenschaft gezogen hatte:

> *„Und siehe, eine Frau war da, die hatte seit achtzehn Jahren einen Geist, der sie krank machte; und sie war verkrümmt und konnte sich nicht mehr aufrichten. Als aber Jesus sie sah, rief er sie zu sich und sprach zu ihr: Frau, sei frei von deiner Krankheit!"*

(Lukas 13,11-12 – Luther)

In den dann folgenden Versen lesen wir, dass die religiösen Führer wie üblich entsetzt waren, dass Jesus am Sabbat heilte. Jesus tritt ihnen entgegen, indem er sie darauf hinweist, dass er nichts anderes getan hat, als was sie selbst auch tun würden, wenn eines ihrer Tiere dabei wäre, vor Durst umzukommen. Er erklärt, dass man einen Esel nur zu Tränke führen kann, wenn man ihn zuerst losbindet von dem Ort, an dem er festgebunden ist. Wie viel wichtiger ist es da, so fährt er fort, diese Frau, ein Kind Gottes, von der Bindung durch den Feind ihrer Seele zu befreien, nach dem er sie jetzt schon achtzehn Jahre festgehalten hatte. Als sie erstmal von der Bindung gelöst und geistlich frei war, wurde auch ihr Rücken, nachdem Jesus ihr die Hände aufgelegt hatte, auf wundersame Weise von dem körperlichen Schaden geheilt.

Was für eine wunderbar einfache und doch sehr viel sagende Beschreibung des Dienstes der Heilung, den Jesus hat! Er löst die unsichtbaren Dinge in unserem Leben, die uns geistig gebunden halten und dann sind wir frei für die Wiederherstellung unseres gesamten Lebens an Geist, Seele und Leib.

Überall in der Bibel finden wir Hinweise darauf, dass es zu Gottes Charakter gehört, sein Volk unter seinen geistlichen Schutz und seine Bedeckung zu nehmen. So lesen wir zum Beispiel in Psalm 91,4:

„Er wird dich mit seinen Fittichen decken, und Zuflucht wirst du haben unter seinen Flügeln."

(Luther)

Unser ganzes Leben lang werden wir von der Welt um uns herum beeinflusst, besonders aber durch die Beziehungen zu anderen Menschen und durch die Gottlosigkeit der Menschheit (was unsere eigene Sünde einschließt). Die Sündhaftigkeit und der Ungehorsam des Menschen haben zur Folge, dass wir uns oft außerhalb von Gottes Schutzraum für unser Leben begeben. Das Ergebnis davon ist, so stellt der Prophet Jesaja sehr zutreffend fest, *„eine Scheidung zwischen euch und eurem Gott."* (Jesaja 59,2). Das macht uns angreifbar durch den Feind unserer Seelen – den „Fürsten dieser Welt", wie Jesus ihn nennt – der nur auf eine Gelegenheit wartet, seinen zerstörerischen Einfluss auf unser Leben zur Entfaltung zu bringen. Als Christen müssen wir daher wachsam sein:

„Gebt dem Teufel keine Möglichkeit..."

(Epheser 4,27 – Neues Leben)

„Euer Widersacher, der Teufel, geht umher wie ein brüllender Löwe und sucht, wen er verschlingen kann."

(1. Petrus 5,8)

In Lukas 13, wo es um die Frau mit dem gekrümmten Rücken geht, erfahren wir nicht, was der Auslöser war, dass der Feind achtzehn Jahre lang das Leben dieser Frau so stark beeinträchtigen konnte. Aber was immer der Grund auch gewesen sein mag, sie war geistig so sehr an dieses Ereignis gebunden, dass es sogar ihren Körper massiv in Mitleidenschaft gezogen hat. Während sie dort vor Jesus stand, spiegelte sich die geistige Macht, die sie in ihrem Inneren gebunden hielt, körperlich in dem Zustand ihres verkrümmten Rückgrats wieder.

Vor einigen Jahren hielten wir irgendwo in Mitteleuropa eine Konferenz der Ellel Ministries ab und erlebten, wie Gott eine erstaunlich große Anzahl von Menschen von Rückenproblemen befreite. Diese Menschen hatten in einem Land gelebt, das viele Jahre unter der Herrschaft eines Unterdrückungsregimes litt. Während der Konferenz zeigte Gott ihnen, wie bitter ihre Herzen gegenüber den früheren Herrschern waren und er machte deutlich, dass die körperlichen Beschwerden, unter denen sie litten, mit ungelösten Konflikten in ihren eigenen Herzen zu tun hatten. Die Bibel vergleicht an vielen Stellen Unterdrückungsherrschaft mit einem schmerzhaften Joch auf dem Rücken der Menschen, das sie niederdrückt und ihr Leben beeinträchtigt. So schrie das Volk Israel unter der bedrückenden Herrschaft von König Rehabeam aus:

„Dein Vater hat unser Joch hart gemacht. Und nun erleichtere den harten Dienst deines Vaters und sein schweres Joch, das er auf uns gelegt hat! Dann wollen wir dir dienen."
(2. Chronik 10,4)

Während die Menschen auf dieser Konferenz denen vergaben, die so brutal über sie geherrscht hatten, befreite Gott sie von den geistlichen Bindungen, die durch das Wirken ihrer früheren Regierung auf sie gekommen und die zur Ursache für ihre körperlichen Probleme geworden waren.

Geistige Gebundenheit kann sich auf viele verschiedene Arten äußern und hält uns von dem Besten, was Gott für uns hat, zurück. Ungelöste Probleme und schädliche Beziehungen der Vergangenheit können bis zum heutigen Tag einen negativen Einfluss auf uns ausüben. Ein einfaches Beispiel ist die verbreitete Erfahrung, dass wir plötzlich ein Gefühl des Unbehagens oder der Angst verspüren, wenn von einem bestimmten Menschen die Rede ist, selbst wenn wir diesen Menschen seit Jahren nicht gesehen haben. Es hat den Anschein, dass unsere Gefühle in Ereignissen und Beziehungen der Vergangenheit oft so gefangen sind, dass wir unsere unerwarteten Reaktionen selbst nicht verstehen.

Unsichtbare Bindungen

Es ist nicht leicht für einen Menschen, die Geheimnisse der unsichtbaren Welt und ihren Einfluss auf uns zu verstehen. Jesus verwendet Begriffe wie „Gebundenheit", „Gefangenschaft", „Blindheit" und „Finsternis", um uns die Wirkung geistiger Bindungen und den Schaden, den sie in unserem Leben anrichten können, zu verdeutlichen. Als Antwort auf seine Kritiker in der Synagoge, die ihn angriffen, als er die Frau mit den Rückenproblemen heilte, zog Jesus eine Parallele zu einem Tier, dass an dem Seil zerrt, mit dem es festgebunden ist. Es verlangt verzweifelt nach dem Leben spendenden Wasser, ist aber nicht in der Lage, zu trinken und dadurch erfrischt zu werden. Jesus sagt, dass er selbst derjenige ist, der das Seil löst und das so dringend benötigte Leben spendende Wasser gibt.

Sollte eine Forelle so unklug sein, einen herzhaften Biss in einen mit einem Haken gefüllten Wurm zu versuchen, dann mag sie zwar keinerlei Verbindung zum Angler feststellen können, dennoch wird diese doch vorhandene Verbindung für sie wahrscheinlich eine sehr starke Behinderung bis zum Ende ihres sehr kurzen Lebens bedeuten. Ihre einzige Hoffnung bestünde darin, dass eine freundliche Person sich die Mühe machen würde, den Angler aufzuhalten, dann vorsichtig den Fisch zu nehmen, den Haken zu entfernen und den Fisch so vor seinem hungrigen und übermächtigen Gegner zu bewahren. Obwohl die Angelschnur und der Haken sehr real sind, sieht der Fisch sie nicht. Er sieht nur den Wurm. Ebenso gut versteht es der Feind unserer Seelen, die Mittel, mit denen er seinen zerstörerischen Einfluss auf uns ausübt, zu verschleiern. Wir müssen es lernen, die Schnur und den Haken des Feindes zu erkennen und wenn wir trotzdem gefangen werden, müssen wir uns an den wenden, der in der Lage ist, uns zu befreien.

Es gibt viele Dinge, die uns geistlich gebunden halten können: traumatische Erlebnisse, falsche Überzeugungen, falsche Gewohnheiten, negative Beziehungen. In diesem Buch wollen wir uns mit den Auswirkungen negativer Beziehungen auseinandersetzen – jenen, die wir uns selbst aussuchen und natürlich auch jenen, die wir uns nicht aussuchen. Im Leben geht es immer um Beziehungen, von denen viele gut sein können oder auch uns schaden können. Angesichts der Tatsache, dass Beziehungen mehr sind als nur die Begegnung zweier Menschen auf der körperlichen Ebene, erscheint es denkbar, dass es Beziehungen gegeben haben mag, die einen ausgesprochen negativen Einfluss auf unser Leben ausüben. Womöglich stellen wir fest, dass wir dabei ernsthaft Schaden genommen haben und in einer Weise gebunden sind, von der Gott uns befreien möchte. Ein Ausdruck, mit dem sich dieser unsichtbare Einfluss, der uns an negative Beziehungen bindet, gut umschreiben lässt, ist „ungöttliche Seelenbindung". Dabei handelt es sich um eine Verbindung in der unsichtbaren Welt, die Einfluss auf unsere Seele nimmt. Dabei werden wir auf die Natur unserer Seele an späterer Stelle in diesem Buch noch einen genaueren Blick werfen.

Jesus bringt uns die gute Nachricht, dass sein Tod am Kreuz Freiheit gebracht hat für alle, die geistlich gebunden sind. Eine Tatsache, die er gleich zu Beginn seines Dienstes ganz deutlich gemacht hat:

> „...weil er mich gesalbt hat, Armen gute Botschaft zu verkündigen; er hat mich gesandt, Gefangenen Freiheit auszurufen..."
>
> (Lukas 4,18)

Nicht jede seelische Bindung ist von vorneherein schlecht oder schädlich. In der Tat haben wir ja während unseres ganzen Lebens zahllose Beziehungen zu anderen Menschen, von denen viele sehr hilfreich und wohltuend für uns sind. Das tiefe geistige Band, das einen Ehemann und eine Ehefrau in einer von Gott gesegneten Ehe verbindet, ist genau der sichere Rahmen, den Gott geschaffen hat, um sie zu schützen und für ihre Familie zu sorgen. Ich nenne das eine göttliche Seelenbindung. Jesus erinnert uns an die tiefe geistliche Dimension der ehelichen Verbindung und grenzt sie deutlich von der weltlichen Sicht zum Thema Scheidung ab. Er beschreibt die Ehe als einen Vorgang, bei dem Gott verbindet (Matthäus 19,6). Wir werden uns im Folgenden göttliche und ungöttliche Seelenbindungen anschauen, wie sie entstehen, wie negative Bindungen uns schaden können und wie wir von jenen Bindungen frei werden können, die uns von einer erfüllten Beziehung zu Jesus abhalten.

Zusammenfassung

Nicht nur die offensichtlichen äußeren Umstände hindern einen Menschen daran, wirklich frei und gesund zu sein, die Ursache dafür sind auch die gesammelten geistlichen Konsequenzen von all dem, was im Leben des betreffenden Menschen geschehen ist. Jesus zeigt deutlich, dass ein Mensch gebunden sein kann. Die Fülle seines Lebens in uns und umfassend ganzheitliche Gesundung können wir nur erlangen, wenn wir zulassen, dass er uns von jedem geistigen Einfluss löst, der seinen Ursprung nicht in ihm hat.

Durch Erlebnisse, die nicht unter Gottes Schutz und Bewahrung stehen – das heißt Situationen, in denen ein Mensch den Anweisungen, die Gott uns seit Grundlegung der Welt gegeben hat, ungehorsam ist – können wir in eine Falle geraten. Das Leben jedes einzelnen Menschen ist nun einmal eingebettet in diese von Rebellion entstellte Welt und durch unsere eigene Sünde oder die Sünde anderer Menschen können wir in einer Weise geistlich gebunden werden, die uns am Haken des Feindes hängen lässt.

Die vielen Beziehungen, die wir mit anderen Menschen eingegangen sind, sind ein ganz wichtiger Aspekt unseres Lebens. Einige

dieser Beziehungen waren gut, andere entsprachen nicht dem, was
Gott für uns vorgesehen hat. Im nächsten Kapitel werden wir uns
nun die aus Beziehungen entstehenden Bindungen genauer ansehen.

Kapitel 2

Vergangene und gegenwärtige Beziehungen

Von manchen Menschen kommt man nur schwer wieder los

Was verstehen wir eigentlich unter einer Beziehung?

Beziehung bezeichnet die Art und Weise, wie wir mit Gott und anderen Menschen verkehren. Gott hat uns zu Menschen gemacht, die auf Beziehung angelegt sind. Das erkennt man schon daran, dass Gott sah, dass es nicht gut für den Menschen war, allein zu sein, obwohl Adam vor dem Sündenfall eine absolut tiefe und enge Beziehung mit Gott hatte:

> *„Und Gott, der Herr, sprach: Es ist nicht gut, dass der Mensch allein sei; ich will ihm eine Hilfe machen, die ihm entspricht."*

(1. Mose 2,18)

In Beziehungen können alle unsere fünf Sinne zum Einsatz kommen. Wir sehen, hören, berühren, riechen, ja schmecken sogar, wie zum Beispiel im Fall des Babys, dass an der Brust seiner Mutter trinkt. Durch unsere Gefühle kommen wir in Beziehung und lassen durch Lachen oder Weinen andere an dem teilhaben, was in uns vorgeht. Viele Männer, die von klein auf daran gewöhnt waren, ihre Gefühle zu unterdrücken, sind überrascht, wenn sie feststellen, dass die Beziehungen zu anderen Männern sogar gestärkt werden, wenn sie ihren Gefühlen Ausdruck geben – sie hätten eher eine Entfremdung erwartet. Jesus war ein sehr emotionaler Mann, der die Menschen um ihn herum sehen ließ, wenn er fröhlich oder traurig war. Er ging zwar als wahrer Gott über diese Erde, aber eben auch als wahrer Mensch. So schaffen von Gott gesegnete Beziehungen Raum für die Entfaltung unserer Sinne und Emotionen. Wir sind sehr komplexe Wesen, die sowohl in der sichtbaren als auch in der unsichtbaren Welt existieren. Besonders unsere Kommunikation mit Gott geschieht durch unseren menschlichen Geist, und Jesus macht das ganz deutlich, wenn er erklärt, dass wahre Anbetung durch den Geist geschehen muss. Hier ein Satz aus seiner Unterhaltung mit der Frau am Jakobsbrunnen:

> *„Gott ist Geist, und die ihn anbeten, müssen in Geist und Wahrheit anbeten.“*

(Johannes 4,24)

Darüber hinaus spielt der menschliche Geist in jedem Aspekt unseres Lebens eine Rolle und das schließt auch alle Arten menschlicher Beziehungen mit ein. Auf diese Wahrheit weißt Paulus in 1. Korinther 2,11 hin:

> *„Denn wer von den Menschen weiß, was im Menschen ist, als nur der Geist des Menschen, der in ihm ist?“*

Verschiedene Beziehungsebenen

Beziehungen können sehr unterschiedliche Formen und Ausdrucksweisen haben. Das reicht vom einfachen Händeschütteln bei einer flüchtigen Begegnung bis zur sexuellen Vereinigung als der tiefsten und intimsten Ebene menschlicher Beziehung. Jeder Teil von uns ist auf irgendeine Weise an jeder Art von Beziehung beteiligt, wenn auch in unterschiedlichem Maße. Jede Interaktion mit anderen Menschen betrifft demnach unseren Körper, unseren

Verstand, die Gefühle, den Geist und auch unseren Willen, denn wir entscheiden, mit wem wir eine wie auch immer geartete Beziehung eingehen wollen und wir legen auch die Grenzen der jeweiligen Beziehung fest. Gott zeigt uns in seinem Wort, wie wichtig gerade diese Grenzen sind.

In der Ehe zum Beispiel möchte Gott uns die Gelegenheit geben, die tiefstmögliche Art von Beziehung zu erfahren, in der wir jeden Teil unseres Wesens mit dem Anderen teilen:

> *„Darum wird ein Mann seinen Vater und seine Mutter verlassen und seiner Frau anhängen; und sie werden zu einem Fleisch werden."*
>
> (1. Mose 2,24)

Im Verlauf des Lebens wird die Beziehung eines Paares reifen und womöglich werden mit der Zeit die körperlichen Bedürfnisse und die Emotionen nicht mehr wie am Anfang die entscheidende Rolle spielen, doch dafür wird die Verbundenheit auf der geistigen Ebene tiefer werden. Gott möchte, dass die Ehepartner sich einander auf die tiefste denkbare Weise hingeben. In einer solchen Beziehung machen beide Partner sich sehr verletzlich und darum braucht die Beziehung auch jenen besonderen Schutzraum, den Gott dafür vorgesehen hat, den Bund der Ehe.

Den Teil in mir, mit dem ich denke und fühle und meine Willensentscheidungen treffe, kann ich nicht anfassen, aber er ist mitentscheidend für alles, was ich tue und für die Beziehungen, die ich führe. Diesen Teil eines Menschen nennen wir normalerweise Seele. Sie durchdringt meine ganze Persönlichkeit und ist der Bereich, in dem die geistliche und die körperliche Welt aufeinandertreffen. Die Seele ist an jeder Beziehung zwischen Menschen beteiligt und tritt mit den Seelen der Menschen, denen ich begegne, in Wechselwirkung. Und es liegt auf der Hand, dass diese Wechselwirkung für mich entweder gut oder schlecht sein kann, ja, sie kann, wie wir noch sehen werden, einen tiefen und bleibenden Einfluss auf mich haben.

Auch in unserem täglichen Sprachgebrauch kommt zum Ausdruck, dass Beziehungen mehr umfassen als nur die körperliche Ebene. Freunde werden gelegentlich als „Seelenverwandte" beschrieben, oder man spricht davon, dass sie „eines Sinnes" sind. Das kann für die Beteiligten entweder hilfreich oder hinderlich sein, je nachdem, wie die Beziehung geartet ist. In der Bibel finden wir wenig Neigung zu Oberflächlichkeiten und daher beleuchtet sie Beziehungen auf einer sehr tiefgehenden Ebene. So ermutigen die Schreiber der Briefe an die Gläubigen der frühen Gemeinden, miteinander in der neuen Einheit verbunden zu sein, die dadurch möglich wurde, dass Jesus der Herr aller ist. Paulus schreibt zum Beispiel in Philipper 2,2:

„So macht meine Freude dadurch vollkommen, dass ihr eines Sinnes seid, gleiche Liebe habt, einmütig und einträchtig seid."

(Luther)

Hier liegt eine der größten Herausforderungen für die Gemeinde, zu einer geistlichen Einheit zu finden, die dem Charakter Jesu entspricht. Eine Eigenschaft, die sehr viel zur großen Anziehungskraft und Wirksamkeit der frühen Gemeinde beigetragen hat: *„Täglich verharrten sie einmütig im Tempel..."* (Apostelgeschichte 2,46)

Andere Begriffe, die häufig verwendet werden, um auszudrücken, dass eine starke unsichtbare Verbindung zwischen zwei Menschen besteht, sind „geistesverwandt" oder „gleichgesinnt". Wenn das über Menschen gesagt wird, dann meint man, dass irgendetwas diese Menschen dazu bringt, ähnliche Überzeugungen und Verhaltensweisen an den Tag zu legen, wie eine unsichtbare Kraft, die bewirkt, dass sie in ähnlichen Bahnen denken. Paulus verwendet diesen Begriff zum Beispiel im Hinblick auf sein Verhältnis zu Timotheus. Er kann sich darauf verlassen, dass Timotheus aus den gleichen Motiven heraus denkt und handelt wie er selbst:

*„Denn ich habe keinen ihm Gleichgesinnten, der aufrichtig
für das Eure besorgt sein wird."*

(Philipper 2,20)

In diesem Beispiel kommt das „Gleichgesinntsein" aus einer göttlichen Motivation, aus dem Geist Christi, der diese Beziehung bestimmt. Wir werden uns jedoch noch anzusehen haben, wie eine
solche intensive Verbindung auch alles andere als von Gott inspiriert sein kann. Solche ungöttlichen Bindungen finden sich zum
Beispiel häufig bei Drogensüchtigen oder Menschen, die sich sexuellen Ausschweifungen hingeben; selbst wenn sie sich entschließen
sollten, ihren Lebensstil zu ändern, finden sie es oft extrem schwierig, sich auch von den Menschen zu lösen, mit denen sie diese
Süchte geteilt haben. Das ist dann wie bei einer Art „Familie", von
der sie nicht loskommen.

Manche Beziehungen berühren uns nur sehr oberflächlich,
andere dagegen gehen sehr tief. Wenn wir jemanden treffen und
ihm nur die Hand schütteln, ist sicher auch das schon eine Art von
Beziehung, jedoch keine, die uns in der Regel allzu tief berühren
wird. Wenn diese Person jedoch mein Arzt ist, der mir, während er
mir die Hand schüttelt, offenbart, dass es in meiner Familie über-
durchschnittlich viele Fälle eines frühzeitigen Todes gegeben hat
und dass ich mich am besten darauf einstellen sollte, das gleiche
Schicksal zu teilen, dann kann diese kurze Begegnung durchaus
einen sehr weitreichenden Einfluss auf mein Leben haben. Das
kann soweit gehen, dass mein ganzes Leben durch diese Worte
und die Autorität, mit der sie ausgesprochen wurden, plötzlich von
Furcht bestimmt ist. Diese Begegnung wird dann sehr wahrscheinlich einen negativen Einfluss auf meinen Gedanken, Gefühle und
Entscheidungen haben. Was zunächst wie eine Begegnung ohne
größere Bedeutung schien, kann plötzlich weitreichende Folgen
haben.

Kontrolle in Beziehungen

Es ist ein geistliches Gesetz in Beziehungen, dass diejenigen, unter deren Autorität wir stehen, uns auch am stärksten aufbauen oder niederdrücken können. Darum ist auch die Beziehung zu unseren Eltern so entscheidend für unser Leben. Durch die Familie, in die sie hineingeboren werden, gibt Gott Kindern die körperliche, emotionale und geistige Versorgung, die sie brauchen, um gesund heranzuwachsen. Mutter und Vater sind dazu da, den Kindern, auf der körperlichen und der geistigen Ebene Nahrung und Schutz zu geben.

Vom Zeitpunkt der Empfängnis bis zum Erwachsenenalter sollte der rechtmäßige Einfluss, den Eltern auf ihre Kinder ausüben; schrittweise zurückgehen, von einer sehr engen Bindung bis zu einem Entlassen in die völlige Freiheit. Letzteres sollte spätestens dann geschehen, wenn die Kinder selbst eine Ehe eingehen.

Die Liebe der Eltern zu ihren Kindern braucht nie abzunehmen, aber deren Kontrolle über den Willen der Kinder muss zum richtigen Zeitpunkt aufhören, so dass diese in die Freiheit entlassen werden – auch um aus ihren eigenen Fehlern zu lernen! Nicht von Gott gewollte Kontrolle ist ein machtvolles Werkzeug in der Hand des Feindes, um zwei Menschen in einer oft für beide schädlichen Beziehung gefangen zu halten. Diesen Zusammenhang werden wir uns später noch genauer ansehen. Nicht von Gott gewollte Kontrolle kann überall dort auftreten, wo jemand eine gewisse Autorität über einen anderen Menschen hat und diese in einer verantwortungslosen oder falschen Weise gebraucht.

Vor einiger Zeit beteten wir für Emma, die oft sehr verwirrt und beunruhigt war, wenn sie an ihre Zukunft dachte. Dabei erinnerte Gott sie daran, dass sie, kurz nachdem sie Christ geworden war, auf einem Jahrmarkt einige Minuten im Zelt eines Wahrsagers verbrachte. Sie verstand dessen Worte über ihre persönliche Zukunft zwar nicht wirklich, aber sie nahm sie dennoch begierig in sich auf. Dann dachte sie nicht mehr bewusst daran, bis Gott sie wieder an dieses Ereignis erinnerte. Die Begegnung mit diesem

Wahrsager schien auf den ersten Blick ganz unbedeutend zu sein, aber die Wirkung, die diese aus okkulten Quellen stammenden Aussagen auf ihr Leben hatten, waren allzu offensichtlich. Als Emma Gott diese Sünde, die sie unwissentlich begangen hatte, bekannte und von dem geistigen Einfluss, den der Wahrsager und seine Worte auf ihr Denken hatten, befreit wurde, merkte sie, dass Gott ihr eine ganz neue Dimension von Freiheit geschenkt hatte. Ich kann mich noch gut an ihre Worte erinnern: „Es ist, als ob jemand mir einen Sack vom Kopf gezogen hätte; alles scheint nun so viel klarer zu sein."

In dieser Situation war offensichtlich, dass ein Großteil der von Emma erlebten Verwirrung daher kam, dass sie ihren Verstand dem Einfluss von jemandem ausgesetzt hatte, der das praktizierte, was die Bibel Wahrsagerei nennt. Und das, obwohl es sich nur um ein einmaliges Ereignis handelte, das noch dazu schon viele Jahre zurück lag und von dessen geistlichen Wirkungen Emma keinerlei Ahnung hatte. Im nächsten Kapitel werden wir uns näher mit der Tatsache beschäftigen, dass wir eine Tür für Kontrolle auf der körperlichen, emotionalen und geistigen Ebene öffnen, sobald wir uns Autoritäten unterstellen, die Menschen in sich tragen.

Wenn wir uns die Wirkung bestimmter Beziehungen auf unser Leben anschauen, dann kann man sehen, dass nicht so sehr die Dauer der Beziehung für deren Auswirkungen entscheidend ist, sondern vielmehr, wie tiefgehend und von welcher Art diese Beziehung war. Auch langjährige Beziehungen können immer an der Oberfläche bleiben und keine nennenswerte Auswirkung auf unser Leben haben. Dagegen kann eine nur kurze Begegnung mit einem Menschen in Umständen, die nicht unter dem Segen Gottes stehen und in denen wir sehr angreifbar sind, dauerhafte und oft sehr zerstörerische Folgen für uns haben, die auch dann noch andauern, wenn wir die eigentliche Begegnung längst vergessen haben.

Langzeitwirkungen einer Beziehung

Wenn wir uns die Bedeutung gegenwärtiger und vergangener Beziehungen für unser Leben anschauen, dann sehen wir, dass diese uns durchaus von der Fülle dessen, was Jesus für uns bereithält, abhalten können. Die meisten Christen versuchen wirklich ernsthaft jeden Tag, ein gottgefälliges Leben zu leben, doch machen viele dabei die Erfahrung, dass es ihnen nicht gelingt, die Vergangenheit, und dabei besonders die Beziehungen der Vergangenheit, wirklich hinter sich zu lassen. Bei Ellel Ministries hören wir oft Aussagen wie diese:

> *„Ich bekomm' einfach meine frühere Freundin nicht aus dem Kopf."*

> *„Auch heute noch bin ich kaum in der Lage, eine Entscheidung ohne meine Mutter zu treffen."*

> *„Wenn ich daran denke, krieg ich einfach die Panik."*

> *„Ich find es furchtbar, wenn jemand sagt, dass ich genauso aussehe wie mein Großvater."*

> *„Ihre Worte verfolgen mich heute noch."*

> *„Immer wieder zieht es mich zu den gleichen Leuten hin, obwohl ich weiß, dass sie keinen guten Einfluss auf mich haben."*

Solche Aussagen geben oft einen Hinweis auf darauf, woran diese Menschen gebunden sind. Die Liste zeigt, dass Beziehungen der Vergangenheit bis in die Gegenwart hinein die Seele eines Menschen in Aufruhr bringen können. Jesus selbst weißt uns ja darauf hin, dass wir aus dem, was ein Mensch sagt, auf das schließen können, was in seinem Herzen vor sich geht.

„Denn aus der Fülle des Herzens redet der Mund."

(Matthäus 12,34b)

Wenn die Erinnerung an eine gegenwärtige oder vergangene Beziehung Furcht in uns hervorruft, ist das eines der deutlichsten Anzeichen dafür, dass uns diese Beziehung in irgendeiner Weise geistig gebunden hält. Wenn ein Mensch sagt, dass er vor jemandem Angst hat, dann ist das ein untrügliches Zeichen, dass da eine nicht von Gott gewollte Bindung vorliegt, an der etwas getan werden muss. Gott hat uns das Gefühl der Angst als eine Warnung vor konkreten Gefahren gegeben, und nicht als etwas, das uns dauernd begleitet und unser ganzes Leben bestimmt.

Von Gott gewollte Beziehungen respektieren den freien Willen

Wie verhält es sich mit dem freien Willen? Zunächst ist dieser eine Gabe, die Gott kraft seiner Schöpfungsordnung in jeden Menschen hineingelegt hat. Aber warum um alles in der Welt hat Gott uns überhaupt einen freien Willen gegeben, wenn er doch wusste, dass wir diesen freien Willen zum Ungehorsam missbrauchen würden? Nun, ohne freien Willen ist jede Beziehung nicht mehr als eine Farce. Gott aber hat sich entschieden, dass er unser Vater sein will und wir seine Kinder sein sollen. Ich kann mich noch gut daran erinnern, wie ich mich gefreut habe, wenn mein kleiner Sohn zu mir kam, einfach nur, weil er bei Papa sein wollte. Ich hab ihm dann irgendetwas zu tun gegeben, so dass er auch was von mir lernen konnte, aber in erster Linie doch, damit wir beide zusammen sein und uns daran freuen konnten.

Hätte ich meinen Sohn dazu gezwungen, den Tag mit mir zu verbringen, hätte das wenig mit einer guten Beziehung zu tun gehabt und wäre für uns beide auch keine besondere Freude gewesen. So verstehe ich langsam, warum unser himmlischer Vater sich so freut, wenn wir einfach Zeit mit ihm verbringen wollen. Roboter wären schon ziemlich langweilige Freunde, auch wenn die Roboter in Star Wars ziemlich sympathisch wirken.

Gott hat ein großartiges Universum geschaffen, in dem wunderbare geistliche und physikalische Gesetze herrschen, die die Ordnung seiner Schöpfung aufrechterhalten. Der freie Wille, den Gott uns gegeben hat, ist angesichts seiner Absichten mit uns wichtig und unverzichtbar. Mit diesem freien Willen können und sollen wir uns entscheiden, seinen Anweisungen zu folgen, Frucht zu bringen und seinen Charakter und seine Herrlichkeit in der Welt bekannt zu machen. Als Gott Mann und Frau geschaffen hat, segnete er sie und sagte ihnen, dass sie fruchtbar sein sollten. Diese Absicht hat Jesus in Johannes 15,16 für uns noch einmal bekräftigt:

> „...ich habe euch erwählt und euch dazu bestimmt, dass ihr hingeht und Frucht bringt und eure Frucht bleibe..."

Aber wir haben natürlich die freie Wahl, dazu Nein zu sagen!

Gott lädt uns ein, seinen Anweisungen zu folgen und während er das tut, macht er gleichzeitig die Folgen unserer Entscheidung sehr klar. Und das ist, wie wir bei Mose lesen, tatsächlich eine Entscheidung zwischen Leben und Tod:

> „Siehe, ich habe dir heute vorgelegt das Leben und das Gute, den Tod und das Böse, indem ich dir heute gebiete, den Herrn, deinen Gott zu lieben, auf seinen Wegen zu gehen ..."
> (5. Mose 30,15-16)

In von Gott gesegneten Beziehungen beruht der Umgang miteinander allein auf dem freien Willen. Natürlich müssen kleine Kinder bis zu einem gewissen Grad von ihren Eltern kontrolliert werden, damit sie die Konsequenzen ihrer Entscheidungen kennen lernen. Aber Schritt für Schritt müssen sie auch aus der Kontrolle ihrer Eltern entlassen werden, wenn sie sich aufmachen, das Leben zu entdecken und ihre eigenen Entscheidungen zu treffen. Jesus versuchte nie, seine Nachfolger zu kontrollieren. Sie hatten jederzeit die volle Freiheit, ihn zu verlassen, wenn sie das gewollt hätten. Und viele taten das auch, wenn seine Lehre ihnen zu anspruchsvoll oder zu schwer verständlich wurde. Die Zwölf entschieden sich zwar zu bleiben, aber selbst ihnen eröffnete Jesus die Möglichkeit, sich von ihm zu trennen:

> *„Da sprach Jesus zu den Zwölfen: Wollt ihr etwa auch weggehen?"*

(Johannes 6,67)

Und auch Jesus konnte sich frei entscheiden, ob er den Anweisungen seines Vaters folgen wollte. Den schmerzvollen Weg der Kreuzigung wählte er aus Liebe, nicht aus Zwang:

> *„Darum liebt mich der Vater, weil ich mein Leben lasse, um es wiederzunehmen. Niemand nimmt es von mir, sondern ich lasse es von mir selbst."*

(Johannes, 10,17-18)

Das ehrfurchtgebietende Prinzip des freien Willens ist eine zentrale Eigenschaft Gottes, als Vater, Sohn und Heiliger Geist. Jede Beziehung, die dieses Prinzip übergeht, berührt den Bereich geistiger Finsternis und führt zu Gebundenheit und Unordnung. Dabei kann Kontrolle viele Formen annehmen. Das Spektrum reicht von offensichtlicher Dominanz bis hin zu subtiler Manipulation. Selbst Gefühle können dazu missbraucht werden, eine andere Person zu kontrollieren, indem wir durch das, was man als emotionalen Druck bezeichnet, an das Mitleid, die Schuldgefühle oder die Angst der betreffenden Person appellieren.

Egal, wie man es auch zu verschleiern versucht, Kontrolle ist nie von Gott und sie wird geistlichen Druck auf eine andere Person auszuüben, um den Willen dieser Person zu beeinflussen. Dieser Einfluss kann dann weit über die Zeit hinausreichen, in der die Beziehung tatsächlich bestanden hat und noch lange danach die

Fähigkeit eines Menschen einschränken, seine eigenen Entscheidungen zu treffen.

Wird bei dem Versuch, Kontrolle auszuüben, auf eine nicht von Gott ausgehende geistige Macht zurückgegriffen, dann berührt das den Bereich der Hexerei. Wie so etwas aussehen kann, wird anschaulich am Beispiel der Isebel gezeigt wird, die die Autorität ihres schwachen Ehemannes Ahab untergraben hatte und ihr ganzes Umfeld sehr stark kontrollierte. Jehu, der von Gott ausersehen war, Gottes Gericht über diese gottlose Familie zu bringen, erklärte gegenüber Isebels Sohn: *„Was, Friede? Bei den vielen Hurereien deiner Mutter Isebel und ihren vielen Zaubereien!"* (1. Könige 9,22) Wenn man einem solch starken kontrollierenden Geist ausgesetzt ist, erzeugt das regelmäßig eine starke Bindung an den Aggressor.

Hexerei in dieser Form ist ein extremes Beispiel dafür, wie ein Mensch durch die geistige Kontrolle, die ein anderer auf ihn ausübt, gebunden sein kann. Aber sie zeigt auch ganz allgemein die starke Bindung, die durch jede Art von schwerwiegendem Missbrauch in einer Beziehung entstehen kann. Auf den folgenden Seiten wollen wir uns noch weitere Arten ansehen, wie Beziehungen uns gebunden halten können.

Gebunden durch ungerechtfertigte Ängste

Angst ist eine wichtige Regung in uns, die Gott so eingerichtet hat, damit wir vor Gefahren gewarnt werden und nach einem angemessenen Maß an Sicherheit streben. Sie wird in der Bibel zum ersten Mal erwähnt, als Adam erkennt, dass er durch seinen Ungehorsam geistlich bloßgestellt worden war. Damals erlebte er zum ersten Mal das Gefühl der Furcht:

> *„Da sagte er: Ich hörte deine Stimme im Garten, und ich fürchtete mich, weil ich nackt bin, und ich versteckte mich."*
> (1. Mose 3,10)

Zwar versuchten Adam und Eva, sich selbst mit Blättern zu bedecken, aber erst als Gott ihnen Felle von Tieren zur Verfügung stellte, fühlten sie sich wirklich wieder geschützt. Es war niemals Gottes Absicht, dass Furcht unser ständiger Begleiter sein soll. Vielmehr sollten wir, sobald die Gefahr gebannt ist und wir wieder sicher sind, sofort wieder zum Frieden zurückkehren können.

Manche Beziehungen, die sich außerhalb der von Gott gesetzten Grenzen befinden, rufen jedoch in einer der Parteien ein permanentes Gefühl der Angst hervor. Wir reden dann von Einschüchterung, was nichts anderes bedeutet als Kontrolle durch das Erzeugen von Furcht beim Gegenüber. Viele Menschen haben schon einmal solch einen Einfluss erlebt, und meistens ging der von Menschen aus, die in irgendeiner Form Autorität über sie hatten. So gibt es gibt zum Beispiel Menschen, die harte, manipulierende oder missbrauchende Eltern hatten, die ihre Familie durch Angst im Griff hielten. Nun versteht man als kleines Kind meist noch nicht, dass das nicht von Gott gewollt ist und hält die belastende Situation für normal. Darum erkennen solche Menschen oft erst sehr viel später, welchen starken negativen Einfluss ein derartig angstbesetzte Elternbeziehung auf sie gehabt hat und wie sehr ihr Denken und Fühlen bis in die Gegenwart hinein davon geprägt ist.

Gott hat nie gewollt, dass wir irgendeinen anderen Menschen fürchten sollen. Solche Furcht schadet unserem emotionalen und körperlichen Wohlbefinden. Wo es also in der Vergangenheit jemanden gab, der uns durch Angst seinem Willen unterworfen hat, kann der Einfluss dieser Person bis heute nachwirken, sofern wir diese Beziehung nicht vor den Herrn gebracht und ihn um Befreiung gebeten haben. Das unsichtbare Band, das uns mit diesen Menschen verbindet, wird immer ein Bereich der Finsternis in uns bleiben, den nur Jesus ins Licht bringen und heilen kann.

Die Schrift beschreibt an verschiedenen Stellen, wie dieser geistige Einfluss des Feindes durch negative Beziehungen aussehen kann und erklärt, wie es dazu kommen kann, dass wir dadurch vereinnahmt und belastet werden. Zum einen ist da das Bild einer

Falle, in der ein unvorsichtiges Tier gefangen wird. Eine Schlinge, die vor ein Loch in einem Zaun gehängt wird, ist eine ausgezeichnete Möglichkeit, einen Hasen zu fangen und je mehr das Tier dann zappelt, desto enger zieht sich die Falle zu. In Sprüche 29,25 heißt es entsprechend: *„Menschenfurcht stellt eine Falle..."* Wenn wir durch die Furcht vor einem anderen Menschen gefangen sind, können wir nur durch eine helfende Hand befreit werden. Preisen wir Gott für die helfende Hand, die uns Jesus Christus reicht.

Furcht ist ein bewährter Weg, Kontrolle über das Leben anderer Menschen auszuüben. Das extremste Beispiel ist, wenn Terroristen versuchen, eine ganze Nation durch Gewalttaten und die Androhung noch schlimmerer Gewalttaten zu erpressen. Das ganze Reich der Finsternis wird durch Angst regiert. Der Feind will den Willen der Menschen beeinflussen, indem er versucht, die Herzen mit Furcht zu erfüllen. In diesem Zusammenhang lohnt es sich, einmal einen Moment darüber nachzudenken, ob Sie sich vielleicht schon zu sehr mit unbewussten Ängsten arrangiert haben, besonders im Hinblick auf bestimmte Beziehungen. In dem Sie auf bestimmte Signalwörter und Schlüsselsätze achten, können Sie oft recht gut feststellen, ob Sie von Furcht vor einer bestimmten Person beeinflusst werden.

„Was würde ich für ein Leben in Frieden geben", ist solch ein zunächst harmlos erscheinender Satz. Als ich mit Patrick über die Beziehung zu seiner Frau sprach, wurde mir aufgrund ähnlicher Aussagen mehr und mehr klar, dass er in permanenter Angst vor den unberechenbaren Launen seiner Frau lebte. Diese Launen hatten eine absolut zerstörerische Wirkung auf die ganze Familie und besonders auf die Kinder. Ihm wurde dann klar, dass sein Leben davon geprägt war, keinen Anstoß für die unangenehmen Reaktionen seiner Frau zu geben und dass er aufgrund seiner tief sitzenden Ängste Tag für Tag von dieser nicht in Worte gefassten Bedrohung kontrolliert wurde. Patrick liebte seine Frau und vieles an ihrer Beziehung war sehr gut, aber diese Kontrolle war ein nicht von Gott gewolltes Band zwischen ihnen.

Gebunden durch Einigkeit für falsche Ziele

Einigkeit zwischen zwei oder mehr Menschen ist eine starke Kraft zum Guten oder zum Schlechten. Es gibt ein geistliches Prinzip in der Bibel, wonach gottgemäße Einigkeit zwischen Menschen zur Verwirklichung von Gottes Absichten dient:

> *„Wiederum sage ich euch: Wenn zwei von euch auf der Erde übereinstimmen, irgendeine Sache zu erbitten, so wird sie ihnen werden von meinem Vater, der in den Himmeln ist."*
>
> (Matthäus 18,19)

Und Psalm 133 erinnert uns daran, dass die Salbung von Gottes Geist über die kommt, die in liebevoller Einheit verbunden sind:

> *„Siehe, wie gut und lieblich ist es,*
> *wenn Brüder einträchtig beieinander wohnen.*
> *Wie das köstliche Öl auf dem Haupt...*
> *Denn dorthin hat der Herr den Segen befohlen,*
> *Leben bis in Ewigkeit."*

Leider hat auch Einigkeit außerhalb von Gottes Ordnung eine große Kraft. Ein gutes Beispiel dafür sind Verschwörungen. Deren Teilnehmer haben in aller Regel einen starken Zusammenhalt untereinander, doch handelt es sich dabei um eine Verbindung aus geistlicher Finsternis heraus. Wenn Menschen aus falschen Motiven oder mit falschen Zielen einen Pakt eingehen oder sich durch Schwüre binden, dann sind die Auswirkungen dieser Bindung oft extrem schädlich und zerstörerisch. Die Zugehörigkeit zu Geheimbünden und Bruderschaften und die Teilnahme an bestimmten rituellen Handlungen begründen einen außerordentlich starken Einfluss auf diejenigen, die daran teilnehmen. Dabei erzeugen nicht nur die Worte, die ausgesprochen wurden, sondern auch die geistliche Kontrolle, die in diesen Gruppen ausgeübt wird, diese intensive Verbundenheit.

Die Bibel ermutigt uns, einander in unseren Beziehungen in rechter Weise unterzuordnen, und in der Tat kann eine wirkliche Beziehung nur dann entstehen, wenn wir auch bereit sind, etwas von uns selbst zu geben. So fordert Paulus uns in Epheser 5,21 auf: *„Ordnet euch einander unter in der Furcht Christi…".* „Furcht Christi" bedeutet hier, sich seiner geistlichen Autorität zu unterstellen. Es ist sehr wichtig, dass dieses „Ordnet euch einander unter" oder mit anderen Worten, unsere Hingabe in Beziehungen, in einem geschützten geistlichen Umfeld geschieht und nicht durch irgendeine Form von Druck zur Anpassung erzeugt wird.

Gruppenzwang ist ein besonders unter jungen Menschen weit verbreitetes Phänomen. Jugendliche legen noch weit mehr als gereiftere Persönlichkeiten Wert darauf, dazu zu gehören und nicht als andersartig oder Außenseiter dazustehen. Das kann zur Folge haben, dass sie in Straftaten, Drogenkonsum, waghalsige Unternehmungen und sexuelle Freizügigkeit hineingezogen werden, woraus regelmäßig zerstörerische und starke Bindungen entstehen. Sie geraten dabei unter einen geistlichen Einfluss, der nicht von Jesus, sondern von Satans Reich der Finsternis ausgeht.

Gott hat den Bund der Ehe als die tiefste Form der Einheit zwischen zwei Menschen eingerichtet. Dieser Bund erfordert Opfer von beiden Seiten und verbindet einen Mann und eine Frau auf die tiefste nur denkbare Weise. Abgesehen von der Ehe und unserer persönlichen Bundesbeziehung mit Gott sollten wir zu keiner Zeit und auf keine Weise Beziehungen von ähnlicher Tiefe und Stärke eingehen. Trotzdem versucht der Feind unserer Seelen immer wieder, Menschen in Beziehungen hineinzuziehen, die außerhalb der Grenzen von Gottes Schutz angesiedelt sind.

Gebunden durch unrechtmäßige sexuelle Verbindungen

Wenn es um Verbindungen zwischen Menschen geht, kommen wir nicht umhin, auch über Sex zu sprechen. Dabei ist zunächst wichtig zu sehen, dass Sex nicht nur die körperliche Ebene betrifft. Maleachi vergleicht das Volk Gottes in seinem Ungehorsam mit einem ehebrecherischen Ehemann und warnt davor, dass sowohl die Sünde des Ehebruchs als auch die Sünde des Ungehorsams gegenüber Gott weitreichende Konsequenzen haben. *„So hütet euch bei eurem Leben!"*, warnt er, *„Und an der Frau deiner Jugend handle nicht treulos!"* (Maleachi 2,15b). Ähnlich erklärt Jeremia im Namen Gottes: *„Und ich sah, dass ich Israel, die Abtrünnige, eben deshalb, weil sie die Ehe gebrochen, entließ und ihr den Scheidebrief gab..."* (Jeremia 3,8).

Damit macht Gott ziemlich deutlich, dass sexuelle Verfehlungen und die Anbetung falscher Götter in seinen Augen ein ähnliches Gewicht haben. Und das erscheint auch logisch, wenn man bedenkt, dass es sich in beiden Fällen um intensive Akte der Hingabe in den tiefsten Bereichen unseres Sein handelt: im einen Fall an eine andere Person, im anderen Fall an einen unsichtbaren Gott oder Götzen. So wird in der Bibel auch dasselbe Wort „erkennen" für die sexuelle Vereinigung zwischen Menschen (1. Mose 4,1: *„Und der Mensch erkannte seine Frau Eva, und sie wurde schwanger..."*) und für die innige geistliche Verbindung mit ihm, zu der Gott uns einlädt (Jeremia 31,34b: *„Denn sie alle werden mich erkennen, von ihrem Kleinsten bis zu ihrem Größten..."*), verwendet. Man kann einem Menschen einfach nicht näher kommen, als im Moment der sexuellen Vereinigung. Daher überrascht es auch nicht, dass bei einer solch intimen Begegnung Körper, Seele und Geist gleichermaßen beteiligt sind. Das war von Anfang an so beabsichtigt. Gott möchte, dass die sexuelle Vereinigung in der Ehe ein irdisches Abbild der tiefen Beziehung, die er mit uns haben möchte, ist. So meint es auch Paulus, wenn er in Epheser 5,31-32 erklärt:

„Deswegen wird ein Mensch Vater und Mutter verlassen und seiner Frau anhängen, und die zwei werden ein Fleisch sein. Dieses Geheimnis ist groß, ich aber deute es auf Christus und die Gemeinde."

Sexueller Verkehr ist der körperliche Ausdruck jener geistigen Verbindung zweier Menschen, die jenseits von Raum und Zeit geschieht. Geschah eine sexuelle Vereinigung außerhalb von Gottes Ordnung, dann werden die geistlichen Bindungen zwischen diesen beiden Menschen diese auch bis zu einem gewissen Grad weiter an die nicht von Gott gewollten Folgen dieser Beziehung gebunden halten. In Sprüche 5,20-22 gibt der Autor, König Salomo, seinem Sohn folgende ernste Warnung mit auf den Weg:

„Warum aber, mein Sohn, solltest du von einer Verführerin entzückt sein und den Busen einer Fremden umarmen? Denn die Wege eines jeden liegen klar vor den Augen des Herrn, und Er achtet auf alle seine Pfade! Den Gottlosen nehmen seine eigenen Missetaten gefangen, und von den Stricken seiner Sünde wird er festgehalten."

(Schlachter)

Wir werden uns mit der Frage, wie man durch unrechtmäßige Beziehungen, das sind zum Beispiel sexuelle Sünden, in Gebundenheit geraten kann, in Kapitel 5 „Negative Bindungen" noch eingehender beschäftigen.

Zusammenfassung

Das Wort Beziehung bezeichnet die Art, wie wir Gott und anderen Menschen begegnen. Jede Beziehung, die wir in unserem Leben eingehen hat, hat sowohl körperliche als auch seelische und geistige Aspekte. Alle diese Aspekte müssen berücksichtigt werden, wenn wir die Langzeitfolgen vergangener Beziehungen erkennen wollen. Wie tief die Wirkung einer Beziehung auf uns ist, scheint zu einem großen Teil davon abzuhängen, wie empfänglich wir bewusst oder unbewusst zu dem Zeitpunkt waren, als der kontrollierenden Einfluss von der anderen Person ausging.

Die geistige Natur unserer Beziehungen kann ein Segen oder ein Fluch für uns sein, kann Gebundenheit oder Freiheit mit sich bringen. Darum müssen wir uns des Einflusses, den unsere vergangenen und gegenwärtigen Beziehungen auf uns haben, bewusst werden. Das gilt besonders dann, wenn wir festgestellt haben, dass es uns schwer fällt, von bestimmten anderen Menschen loszukommen, weil wir sie entweder immer noch fürchten oder unsere Gefühle ihnen gegenüber falsch und unbegründet sind.

Es kann sein, dass wir an Menschen aus unserer Vergangenheit auch heute noch in einer Weise gebunden sind, die uns nicht zum Guten dient. Die Ursachen dafür können sein: ein unrechtmäßig kontrollierender Einfluss, Einschüchterung, Übereinkünfte, die außerhalb von Gottes Ordnungen erfolgten, und schließlich sexuelle Aktivitäten außerhalb der von Gott gegebenen Ordnung. Diese Bindungen können auch heute einen schädlichen Einfluss auf uns haben und sowohl unser Denken, als auch die Entscheidungen, die wir treffen, beeinflussen.

Wenn sie uns schaden, dann nennen wir diese unsichtbaren Beziehungsbande ungöttliche Seelenbindungen. Wir wollen im Folgenden versuchen, etwas besser zu verstehen, was eine Seelenbindung tatsächlich ist.

Kapitel 3

Woran erkennt man eine seelische Bindung?

Das unsichtbare Joch in Beziehungen

Das unsichtbare Joch

Meine Frau Denise und ich waren vor einiger Zeit in Australien und besuchten dort ein Freilichtmuseum, in dem gezeigt wurde, wie die Stadt Sidney zur Zeit der ersten europäischen Siedler aussah. Eine der Attraktionen in dem Museum war ein Ochsenkarren, der von acht Ochsen gezogen wurde, die unter einem Joch zusammengebunden waren und auf dem die Besucher durch die Straßen des alten Sidney fahren konnten, ganz wie in der alten Zeit.

Während ich die Ochsen so betrachte, wurde mir klar, was das Besondere an der Verbindung durch das Joch war. Die Ochsen merkten zwar, dass sie von irgendetwas zusammengehalten wurden, konnten aber nicht sehen, was es war. Das veranschaulicht sehr gut, wie eine Seelenbindung wirkt; es ist eine Bindung an jemanden auf der geistigen Ebene, die einerseits unsichtbar bleibt, andererseits aber bis in unsere grundlegenden Lebensentscheidungen hinein einen starken Einfluss auf uns haben kann.

Bei unserem Dienst in den Ellel-Zentren haben wir Menschen oft Sätze wie diese sagen hören: „Ich weiß auch nicht warum, aber ich kann einfach keine Entscheidung treffen, ohne mir den Kopf darüber zu zerbrechen, was meine Mutter wohl dazu sagen würde." Für ein Kind eine ganz vernünftige Haltung, aber nicht für einen Erwachsenen.

Hier handelt es sich um ein nicht von Gott gewolltes Joch, das diesen Menschen an seine Mutter bindet, die auf diesem Weg immer noch eine unangemessene Kontrolle über sein Leben als Erwachsener ausübt. Das ist ein gutes Beispiel für eine ungöttliche Seelenbindung. Der Wille des Kindes, auch wenn es längst erwachsen ist, ist immer noch an den Willen der Mutter gebunden, selbst wenn sie räumlich weit voneinander entfernt wohnen.

Sicherlich soll auch eine gottgemäße Beziehung zwischen Eltern und ihren erwachsenen Söhnen und Töchtern einschließen, dass die Eltern ihren Kindern weisen Rat erteilen und ganz bestimmt sollen Eltern nie aufhören, für ihre Kinder zu beten. Ein kontrollierender Einfluss aber, und sei er noch so subtil und unterschwellig, ist niemals Gottes Wille. Es ist schon erstaunlich, wie viele erwachsene Menschen immer noch unbewusst in gewisser Weise in Furcht vor dem einen oder anderen ihrer Elternteile leben. Wenn es solch eine Bindung in unserem Leben gibt, dann wird sie uns natürlicherweise von dem Besten, das Gott für uns bereit hat, abhalten und für unsere ganze Persönlichkeit Leid und Unordnung bedeuten.

Darum ist es auch so wichtig, dass ein Mensch, wenn er heiratet, in rechter Weise verlässt und anhängt. Das umfasst so viel mehr als nur rein räumlich die Familie, in die man geboren wurde, zu verlassen und eine neue Einheit zu bilden. Wie sehr sich auch manche Eltern wünschen mögen, im Leben ihrer Kinder weiter die Richtung vorzugeben, spätestens am Tag der Hochzeit ihres Sohnes oder ihrer Tochter ist der Zeitpunkt gekommen, einen klaren Schnitt zu vollziehen und vollständig loszulassen. Nur so hat das Kind die Freiheit, sich unabhängig von jedem kontrollierendem Einfluss auf die neue Beziehung einzulassen. Wo das nicht geschieht, kann ein seelisches Band zwischen den Eltern und dem Kind fortbestehen, das die neu eingegangene Ehebeziehung stark beeinflussen wird. Die Geschichten über schwierige Schwiegermütter, die sich in das Leben junger Paare einmischen, sind leider mehr als nur ein dankbares Motiv für Witze. Sie sind vielmehr der Stoff, aus dem Tragödien sind.

Wer ist Herr über das Joch?

Wenn wir gerade dabei sind, uns die geistliche Natur dieser Beziehungsbande anzuschauen und uns darüber Gedanken machen, wie unser Leben von diesen Bindungen bestimmt wird, dann müssen wir uns vor allem die Frage stellen, wer das Joch in Händen hält, das uns an jemand anderen bindet. In einer von Gott gesegneten Beziehung zwischen zwei Menschen kann man schlicht feststellen, dass das Band der Liebe ein leichtes Joch in den Händen von Jesus ist. Es ist doch bemerkenswert, dass Jesus uns auffordert, sein Joch auf uns zu nehmen und ihn den entscheidenden Faktor in unserem Leben und damit auch in allen unseren Beziehungen sein zu lassen:

> *„Nehmt auf euch mein Joch, und lernt von mir! Den ich bin sanftmütig und von Herzen demütig, und ihr werdet Ruhe finden für eure Seelen."*

(Matthäus 11,29)

Handelt es sich jedoch um eine Beziehung außerhalb der Ordnungen Gottes, dann liegt das unsichtbare Joch in der Hand des Feindes unserer Seelen und er wird jede Gelegenheit nutzen, diejenigen, die er verbunden hat, in immer größere Finsternis und Unordnung hineinzuführen. Das Joch dient dann einzig und allein seinem Ziel, Macht unabhängig von Gott auszuüben, und das Wohlergehen derjenigen, die da zusammengebunden sind, ist ihm vollkommen egal.

Ein sauber gelagertes Joch über zwei Ochsen in der Hand eines umsichtigen Führers fügt den Ochsen keinerlei Schaden zu und hilft ihnen vielmehr, harmonisch zusammenzuarbeiten. Es schafft die Sicherheit und die Freiheit, die jedes Tier braucht, um sich auf die bestmögliche Weise in das Team einzubringen. Ein unausgewogenes Joch in den Händen eines rücksichtslosen Führers ist dagegen schädlich und zerrt an den Ochsen. Es bringt Unordnung in das ganze Team und erzeugt ernsthafte Verletzungen an den Stellen, wo das Joch die Körper der Tiere berührt.

Paulus ermahnt die Christen in Korinth, sorgfältig darauf zu achten, mit wem sie bestimmten Arten von Beziehungen eingehen. Er warnt vor der Gefahr, mit jemandem auf eine Weise zusammengejocht zu sein, die nur Gesetzlosigkeit und Finsternis nach sich zieht:

> *„Geht nicht unter fremdartigem Joch mit Ungläubigen! Denn welche Verbindung haben Gerechtigkeit und Gesetzlosigkeit? Oder welche Gemeinschaft Licht mit Finsternis?"*
> (2. Korinther 6,14)

Wir können eine Seelenbindung zwar nicht sehen, aber wir können sehr wohl spüren, wie sie sich anfühlt, wenn sie an unserem Leben zerrt. Genau wie das Joch, das zwei Ochsen verbindet, bindet das Band im geistlichen Bereich unsere Seele an die Seele eines anderen Menschen. Diese Verbindung besteht im geistlichen Bereich und ist daher auch nicht an Zeit und Raum gebunden.

Dadurch, dass Jesus unser gemeinsamer Herr ist, können wir auch mit Christen, die wir jahrelang nicht gesehen haben und die vielleicht weit entfernt leben, aufs Tiefste verbunden sein. Das ist es, was wir eine göttliche Seelenbindung nennen. Leider ist es aber so, dass auch eine kontrollierende und missbräuchliche Beziehung, die vielleicht schon Jahre zurückliegt, heute noch eine starke Wirkung auf uns haben kann. Eine solche Beziehung kann nach wie vor die Art beeinflussen, wie wir denken oder auf bestimmte Situationen reagieren. In einem solchen Fall handelt es sich um eine ungöttliche Seelenbindung.

Die gute Nachricht ist, dass Gott immer ganz klar erkennt, wo ein falsches Joch auf den Rücken seines Volkes gelegt wurde. Wenn wir die Wahrheit, die er uns zeigt, annehmen und uns entscheiden, seine Autorität und seinen Schutz über unserem Leben und unseren Beziehungen zu akzeptieren, dann können die schädlichen Bindungen aufgelöst werden und neue Freiheit ist möglich. Gott verspricht durch den Propheten Hesekiel:

> *„Und sie werden erkennen, dass ich der Herr bin, wenn ich*
> *die Stangen ihres Joches zerbreche und sie aus der Hand derer*
> *errette, die sie knechteten."*
>
> (Hesekiel 34,27)

An vielen Stellen der Bibel wird ein Joch mit unterdrückender physischer oder geistlicher Herrschaft über Menschen in Verbindung gebracht. Doch Gott ist auf wunderbare Weise in der Lage, uns von jedem Joch zu befreien, ganz gleich, welcher Art es auch sei. In Nahum 1,13 erklärt er:

> *„Und nun, seine Jochstange über dir zerbreche ich, und deine*
> *Fesseln zerreiße ich."*

Wie sind wir eigentlich gemacht? Was ist unsere Seele?

Die Seele ist der Teil in uns, den Gott entstehen ließ, indem er unser geistliches Wesen mit unserer körperlichen Form verband. 1. Mose 2,7 sagt uns:

> *„Da bildete Gott, der Herr, den Menschen, aus Staub vom*
> *Erdboden und hauchte in seine Nase Atem des Lebens, so*
> *wurde der Mensch eine lebende Seele."*

Die Seele entspricht unserer Persönlichkeit, sie ist das Mittel, durch das wir mit den Menschen um uns herum in Kontakt treten. Mit Hilfe der Seele denken wir, treffen unsere Entscheidungen und empfinden Gefühle als Reaktion auf die Ereignisse und Umstände unseres Lebens. Durch die Gedanken, Gefühle und Entscheidungen unserer Seele steuern wir wiederum unseren Körper.

Die Seele wurde dazu geschaffen, vom Geist Gottes, der in unseren menschlichen Geist hinein wirkt, beherrscht zu werden. So will Gott uns dahin bringen, ihn im Tiefsten zu erkennen und den Weg, den er für unser Leben bestimmt hat, zu gehen. In Hiob 32,8 lesen wir:

„Jedoch – es ist der Geist im Menschen und der Atem des Allmächtigen, der sie verständig werden lässt."

Zugleich hat Gott dem Menschen aber auch einen freien Willen gegeben, mit dem wir entscheiden können, wessen Anweisungen wir folgen. Seit der Zeit im Garten Eden hat sich der Mensch unglücklicherweise dafür entschieden, den Anweisungen Gottes ungehorsam zu sein und den Wegen dieser Welt und der geistlichen Herrscher dieser Welt zu folgen. Jesus ist die einzige Person, die je über diese Erde gegangen ist, ohne sich auch nur ein einziges Mal der Herrschaft unseres Seelenfeindes zu unterwerfen. Als die Stunde seines Todes näher rückte, sagte er zu denen, die ihm nachfolgten:

„Ich werde nicht mehr vieles mit euch reden, denn der Fürst der Welt kommt; und in mir hat er gar nichts."

(Johannes 14,30)

Der Kampf um die Herrschaft über unsere Seelen

Wenn wir in unseren Beziehungen bewusst oder unbewusst den Wegen dieser Welt folgen, dann räumen wir dem Feind und dem Reich der Finsternis die Möglichkeit ein, über uns zu herrschen. Dann sind wir auf eine Weise gebunden, die uns nach unten zieht und uns von der Fülle der Erkenntnis Gottes entfernt. Möglicherweise stellen wir dann irgendwann fest, dass wir gefangen sind wie ein Sklave. Wenn hingegen der Geist Gottes unser Leben und unsere Beziehungen bestimmt, dann haben wir Frieden, Freiheit und den Segen, der daraus folgt, dass wir seine Kinder sind. In Galater 4,7-8 erklärt Paulus:

„Also bist du nicht mehr Sklave, sondern Sohn; wenn aber Sohn, so auch Erbe durch Gott. Damals jedoch, als ihr Gott nicht kanntet, dientet ihr denen, die von Natur nicht Götter sind."

Wenn wir Christen werden, empfangen wir das Leben des Christus in unserem menschlichen Geist und sind wieder in der Lage, die Stimme Gottes zu hören. Trotzdem hat auch die Stimme des Feindes nach wie vor bis zu einem gewissen Grad Zugang zu unserer Seele, und er wird immer wieder versuchen, uns unter seine Autorität zu bringen, sobald er Gelegenheit dazu bekommt. Es ist offensichtlich, dass wir uns inmitten eines heftigen Kampfes um die Vorherrschaft über unsere Seelen befinden. Dabei müssen wir uns vor Augen halten, dass letztlich wir selbst entscheiden, wer der Herr über unsere Überzeugungen, unser Verhalten und unsere Beziehungen ist. Paulus ermahnt die Galater eindringlich, wachsam zu sein und nicht zuzulassen, dass sie wieder vom Reich der Finsternis beherrscht werden, indem sie wieder den Wegen dieser Welt folgen:

„Nachdem ihr aber Gott erkannt habt, ja vielmehr von Gott erkannt seid, wie wendet ihr euch dann wieder den schwachen und dürftigen Mächten zu, denen ihr von neuem dienen wollt? Ihr haltet bestimmte Tage ein und Monate und Zeiten und Jahre."

(Galater 4,9)

Die Entscheidung, wer über unsere Beziehungen bestimmen soll, liegt allein bei uns. Wir können hinsichtlich der Frage, was in Beziehungen richtig oder falsch ist, entweder dem folgen, was Gott sagt oder dem, was die Welt sagt.

Ein Weg im Licht oder ein Tunnel in der Dunkelheit

Wenn wir mit jemandem in einer Beziehung verbunden sind, die nicht in Gott gegründet ist, werden wir geistlich verwundbar. Eine ungöttliche Seelenbindung, die in geistlicher Finsternis aufrechterhalten wird, gibt dem Feind die Möglichkeit, unser Leben zu beeinflussen. Wir sind dann, so lange die ungöttliche Verbindung

bestehen bleibt, anfällig dafür, von jeder geistlichen Unreinheit im
Leben der anderen Person in Mitleidenschaft gezogen zu werden.
Doch auch Beziehungen, die grundsätzlich positiv sind, können
bestimmte Elemente enthalten, die zum Reich der Finsternis gehören.
      Während ich das hier schrieb, zeigte mir der Herr ein Bild von
zwei Häusern im Sonnenschein. Sie waren durch einen Weg verbunden, über den die Bewohner der beiden Häuser sich jederzeit
besuchen konnten. Wobei es natürlich dazu gehört, zunächst höf-
lich anzuklopfen, bevor man das Haus des Nachbarn betritt. Und
die Menschen aus diesen beiden Häusern besuchten sich hin und
her und lebten in von Gott gesegneter Gemeinschaft. In einem der
beiden Häuser gab es jedoch einige Ratten, die auch gern in das
Haus des Nachbarn wollten. So gruben sie einen Tunnel unter der
Erde und fanden auch einen kleinen Spalt im Kellerboden des
Nachbarhauses, durch den sie ungesehen jederzeit in das Haus gelangen konnten. Dort verursachten sie einen ziemlichen Schaden
an der Einrichtung, aber niemand konnte sich erklären, wie die
Ratten überhaupt in das Haus gelangt waren. Der Tunnel machte
es möglich, dass die ständigen Besuche der Ratten unbemerkt blie-
ben. Die beiden Häuser stehen für die Leben von zwei Menschen,
die in einer Beziehung zueinander stehen, die sowohl göttliche als
auch ungöttliche Elemente beinhaltet. Sie sind sowohl durch den
Weg im Licht, als auch durch den Tunnel in der Dunkelheit verbunden.
      Im Brief an die Epheser werden einige sündhafte Beziehungen
im Leben der Gläubigen aufgezählt und zugleich erklärt, wie deren geistliches Leben dadurch beeinflusst wird:

> *„Niemand verführe euch mit leeren Worten! Denn dieser*
> *Dinge wegen kommt der Zorn Gottes über die Söhne des*
> *Ungehorsams. Seid also nicht ihre Mitteilhaber! Denn einst*
> *wart ihr Finsternis, jetzt aber seid ihr Licht im Herrn.*
> *Wandelt als Kinder des Lichts."*
>
> (Epheser 5,6-8)

Vor einiger Zeit betete jemand aus unserem Team für einen Mann, der große Probleme in seinem geistlichen Dienst hatte. Dieser bekannte dem Herrn eine Reihe von sexuellen Beziehungen aus der Zeit, als er noch kein Christ war, die also schon viele Jahre zurücklagen. Als Gott ihn an diese sündhaften Beziehungen erinnerte, war er gern bereit, umzukehren und sich auch innerlich von den ungöttlichen Bindungen an jede dieser Partnerinnen zu lösen. Doch als er gerade eine dieser Beziehungen vor den Herrn brachte, machte sich ein unreiner Geist bemerkbar, der aus seinem Mund sprach: „Diese bekommst du nicht!" Da erinnerte er sich, dass diese Frau immer schwarz gekleidet war und mit Hexerei zu tun hatte. Offensichtlich wurde der finstere Tunnel, der diese beiden Menschen verband, immer noch von dämonischen Kräften benutzt, auch wenn seit der Beziehung schon viele Jahre vergangen waren.

Als der Mann dann den Herrn bat, ihn davon zu reinigen, wurde die ungöttliche Verbindung zerrissen, der unreine Geist hinausgeworfen und der Tunnel endgültig beseitigt. Dämonen sind in den Bereich der geistlichen Finsternis verbannt und können über diesen Bereich hinaus nicht wirken, aber sie können die Finsternis einer ungöttlichen Seelenbindung benutzen, um das Leben eines Menschen, der auf diese Art gebunden ist, in unheilvoller Weise zu kontrollieren. Den dämonischen Einfluss, der aus ungöttlichen Seelenbindungen entstehen kann, werden wir uns in einem anderen Kapitel noch genauer ansehen.

Wir waren froh, dass dieser Mann von der ungöttlichen Bindung befreit wurde, aber es war doch für jeden von uns eine eindrückliche Erinnerung daran, wie ernst Bindungen außerhalb von Gottes Ordnung zu nehmen sind. In diesem Fall hatten sie eine nachhaltige Auswirkung auf den Wandel dieses Pastors mit Jesus gehabt. An die junge Gemeinde in Korinth schreibt Paulus:

„Oder wisst ihr nicht, dass, wer der Hure anhängt, ein Leib mit ihr ist? ‚Denn es werden', heißt es, ‚die zwei ein Fleisch sein.' Wer aber dem Herrn anhängt, ist ein Geist mit ihm."
(1. Korinther 6,16-17)

Als Christen können wir uns entscheiden, welches geistliche Reich die Beziehungen in unserem Leben bestimmt. Die unsichtbaren Verbindungen zu anderen Menschen bauen uns entweder auf oder sie ziehen uns nach unten. Und diese Bindungen im geistlichen Bereich sind nicht zeitlich beschränkt, so dass wir heute noch von Menschen beeinflusst werden können, die wir jahrelang nicht gesehen haben. Die großartige Neuigkeit für uns als Christen ist, dass die Herrschaft Jesu und sein Reich sich auf jeden Bereich unseres Lebens, sei er nun gegenwärtig oder vergangen, erstrecken kann. Das geschieht, indem wir mit der Hilfe des Heiligen Geist jeden Aspekt unseres Lebens ins Licht bringen, um Freiheit zu empfangen. Der Heilige Geist möchte den Menschen die Augen öffnen:

> *„...ihre Augen zu öffnen, dass sie sich bekehren von der Finsternis zum Licht und von der Macht Satans zu Gott, damit sie Vergebung der Sünden empfangen und ein Erbe unter denen, die durch den Glauben an mich geheiligt sind."*
>
> (Apostelgeschichte 26,18)

Seelenbindungen und Generationenbindungen

Wir wollen uns einen Moment Zeit nehmen, um zwei wichtige Begriffe zu unterscheiden: Seelenbindung und Generationenbindung. Denn es ist so, dass sowohl die Gerechtigkeit als auch die Sünden unserer Vorfahren unser Leben beeinflussen können. Diesem wichtigen geistlichen Prinzip werden wir aber ein eigenes Buch in dieser Reihe widmen, so dass wir hier nur kurz darauf eingehen werden.

Es gibt einen sehr realen Weg, auf dem geistliches Erbe vermittelt wird. Dabei handelt es sich um ein grundlegendes Gesetz, dass Gott ursprünglich dazu eingerichtet hat, um Segen an nachfolgende Generationen weiterzureichen. Leider hat der Ungehorsam des Menschen dazu geführt, dass auf diesem selben Weg nun nicht nur Segen, sondern auch schädliche Einflüsse übertragen werden können. Im Zusammenhang mit den Zehn Geboten erklärt Gott durch Mose:

> *„Du sollst dich vor ihnen (den Götterbildern) nicht nieder-werfen und ihnen nicht dienen. Denn ich, der Herr, dein Gott, bin ein eifersüchtiger Gott, der die Schuld der Väter heimsucht an den Kindern, an der dritten und vierten Gene-ration von denen, die mich hassen, der aber Gnade erweist an Tausenden von Generationen von denen, die mich lieben und meine Gebote halten."*
>
> (2. Mose 20,5-6)

Dieses grundlegende Gesetz gilt immer noch, obwohl uns Gott einen neuen Weg eröffnet hat, mit den negativen Auswirkungen dieses Gesetzes umzugehen. Wo wir durch das sündhafte Verhalten unserer Vorfahren in Mitleidenschaft gezogen worden sind, kön-nen wir trotzdem frei werden, indem wir uns selbst und unser gan-zes Erbe unter die Herrschaft von Jesus stellen, der an unserer Stelle das ganze Gesetz Gottes erfüllt hat.

Wir nennen diesen Weg eine Generationenbindung. Auf die-sem Weg wird ein geistliches Erbe übertragen und die Ungerech-tigkeiten unserer Vorfahren können unser eigenes Leben negativ prägen. Die Generationenbindung kann uns bis zu drei oder vier Generationen zurück mit den Verfehlungen eines Verwandten ver-knüpfen, wir müssen noch nicht einmal mit ihm eine direkte Beziehung gehabt haben. Diese Bindungen lassen sich beseitigen, indem wir die Sündhaftigkeit dieser Familienmitglieder bekennen, ihnen vergeben und durch Jesus die Reinigung von aller Unge-rechtigkeit dafür in Anspruch nehmen. Lesen Sie unser Buch über Generationen übergreifende Ungerechtigkeit, wenn Sie mehr über diesen Zusammenhang erfahren wollen. (in Deutsch noch nicht erhältlich – Anmerkung des Verlages)

Kurz gesagt ist der Unterschied zwischen einer Generationen-bindung und einer Seelenbindung daher: eine Generationenbindung

ist ein Weg, auf dem geistliches Erbe, sei es Gerechtigkeit oder
Ungerechtigkeit, über drei oder vier Generationen hinweg auf uns
übertragen werden kann. Eine Seelenbindung ist ein geistliches
Band mit jemandem, zu dem wir eine direkte Beziehung haben
oder hatten und hält uns mit diesem Menschen entweder mit den
göttlichen Banden der Liebe oder mit ungöttlichen Banden geistlicher Finsternis und Unfreiheit verbunden.

Zusammenfassung

Wir haben uns damit beschäftigt, wie eine Seelenbindung „aussieht". Da wir über eine unsichtbare Verbindung reden, ist es einfacher, deren Auswirkungen zu beschreiben als die Bindung selbst.
Eine Gruppe Ochsen, die durch ein Joch zusammengehalten werden, sehen die Klammer an ihrem Nacken nicht, aber sie spüren
sehr deutlich den Zug, den sie aufeinander ausüben, während der
Wagenlenker den Kurs vorgibt. Die Bibel spricht wiederholt davon, dass unterdrückende geistliche Herrschaft im Leben von
Menschen wie ein Joch auf ihrem Nacken ist.

Eine Seelenbindung kann auch mit einem unsichtbaren Seil
verglichen werden, das einen Menschen mit anderen Menschen
verbindet, mit denen er zusammengetroffen ist. Die Fasern einer
Seelenbindung sind entweder gut oder schlecht, göttlich oder un-
göttlich, unter der Herrschaft des Heiligen Geistes oder unter der
Herrschaft des Reiches der Finsternis. Seelenbindungen waren von
Anfang an Teil von Gottes Schöpfungsordnung. Er beabsichtigte
damit, ein Band der Liebe zu ermöglichen, dass uns dazu bringt,
eines Sinnes zu sein, während wir der Führung Gottes in unserem
Leben folgen.

Satan, der Feind unserer Seelen, versucht unentwegt, die Ordnung in Gottes Schöpfung zu stören. Wo ein Mensch in seinen
Beziehungen die Grenzen von Gottes Schutz verlassen hat, entstehen auch unsichtbare Bindungen, aber diese gehören in das Reich

der Finsternis und führen zu Gefangenschaft in den Händen des Feindes.

Wir gehen nun einen Schritt weiter und schauen uns im Detail an, was positive Bindungen sind und was negative.

Kapitel 4

Positive Bindungen

Ein Band der Liebe

Positive Bindungen entstehen aus von Gott gesegneten Beziehungen

Beziehungen, wie Gott sie sich vorstellt, unterscheiden sich grundlegend von den meisten Beziehungen, die wir in der Welt erleben. Warum sind wir überhaupt auf Beziehung angelegt? Ein Grund ist, dass wir dadurch den Charakter Gottes widerspiegeln können. In der Dreieinigkeit Gottes ist Beziehung in ihrer idealen Form verwirklicht, nämlich durch Liebe und rechte Unterordnung, auch wenn gleichzeitig zwischen Vater, Sohn und Heiligem Geist eine vollkommene Einheit besteht. Dies finden wir am anschaulichsten in der Person von Jesus Christus dargestellt *„Er war Gott gleich, hielt aber nicht daran fest, wie Gott zu sein, sondern er entäußerte sich und wurde wie ein Sklave und den Menschen gleich."* (Philipper 2,6-7 – Einheitsübersetzung)

Es gehört zu den zentralen Aspekten des Gemeindelebens, mit anderen Menschen verbunden und füreinander da zu sein. So sind wir in der Lage, unsere von Gott gegebene Identität in der Gemeinschaft mit anderen zu verwirklichen, ohne dabei unsere Freiheit in Christus zu verlieren. *„So macht meine Freude dadurch vollkommen"*, bittet Paulus, *„dass ihr eines Sinnes seid, gleiche Liebe habt, einmütig und einträchtig seid."* (Philipper 2,2 – Luther)

Alles schön und gut! Aber was macht denn nun im täglichen

Leben eine den Vorstellungen Gottes entsprechende Beziehung
aus? Sehen wir uns also einmal an, wie Gott sich unser Leben in
Gemeinschaft mit anderen denkt. Dabei werden wir auch auf einige Prinzipien stoßen, durch die er Beziehungen segnen möchte.
Diese Prinzipien stellen sicherlich für die meisten von uns eine
Herausforderung dar, angesichts der Erfahrungen, die wir schon
gemacht haben. Trotzdem müssen wir ja zu allererst wissen, wie
Gott sich Beziehungen vorstellt, damit wir anschließend verstehen
können, was falsch gelaufen ist und uns geschadet hat.

Von Gott gesegnete Beziehungen und die Realität des Lebens

Erstes Prinzip:
Gott fordert uns auf, einander bedingungslos zu lieben

Nun, das ist für den Anfang schon ziemlich heftig! Jesus lehrte
seine Jünger eine radikal neue Wahrheit über Beziehungen, was
für diese sich ein völliges Umdenken bedeutete. Da ging es um viel
mehr als nur nett zueinander zu sein. Es ging darum, vollkommen
anders über die Menschen zu denken – über die, die man mochte
und auch die, die man nicht mochte. Weit über allgemein Übliche
hinaus, nämlich die zu lieben, die man sowieso schon mag, lehrte
Jesus seine Nachfolger *„Liebt eure Feinde und tut Gutes..."* Das
Gegenteil von bedingungsloser Liebe ist eine Liebe, die an Bedingungen geknüpft ist und die sagt: „Ich liebe dich, wenn du es verdient hast." Wo eine solche Haltung vorliegt, kann man in der
Regel davon ausgehen, dass diese Beziehung von ungöttlicher
Machtausübung geprägt ist.

Wenn wir einander bedingungslos lieben, heißt das natürlich
nicht, dass wir über die Sünden unseres Nächsten einfach hinweg
sehen. Wir alle brauchen die Disziplinierung durch Gottes Grenzen
in unserem Leben, aber er hat unsere Herzen nun mal so geschaffen, dass wir nur durch bedingungslose Annahme gestärkt und

aufgebaut werden, insbesondere durch die Menschen, die uns am nächsten sind. Das versetzt uns in die Lage, zu dem zu werden, wozu Gott uns geschaffen hat und nicht mehr von den Meinungen anderer Menschen abhängig zu sein.

Zweites Prinzip: Wir sollen einander wertschätzen

> *„Seid einander in brüderlicher Liebe zugetan, übertrefft euch in gegenseitiger Achtung!"*
> (Römer 12,10 – Einheitsübersetzung)

Wir sollen einander so sehen, wie Gott uns sieht: wunderbar gemacht durch seine schöpferische Hand. Gehen wir mit einem anderen Menschen rücksichtslos oder nachlässig um, drücken wir damit einen Mangel an Wertschätzung aus. Missbraucht jemand einen anderen Menschen in irgendeiner Weise für seine Zwecke, dann sagt er damit zugleich: „Ich meinen Augen bist du weniger wert als ich und ich kann über dich verfügen wie ich will." Wer sich in dieser Weise die Freiheit herausnimmt, über andere zu verfügen, der stellt sich damit im Gegensatz zu Gott.

Eine Beziehung nach Gottes Vorstellung schließt auch ein, dass man mit seinem Verhalten innerhalb der Grenzen bleibt, die Gott für die jeweilige Art von Beziehung vorgesehen hat. Die Ebene von Vertrauen und Intimität, die für Ehepartner angemessen ist, wäre bei Arbeitskollegen völlig fehl am Platz. Insofern drücken wir anderen Menschen unsere Wertschätzung auch dadurch aus, dass wir die für die jeweilige Beziehung und den jeweiligen Zeitpunkt angemessenen Grenzen in Bezug auf Vertrautheit und Intimität nicht überschreiten. Ein Flirt mit unserem eigenen Partner ist sehr in Ordnung, mit jeder anderen Person jedoch nicht.

Menschen zu schätzen, heißt auch, sie so zu nehmen, wie Gott sie nun mal geschaffen hat. Gott hält auch nichts von unaufrichtigen Schmeicheleien, aber wenn wir Menschen ehrlich vermitteln, wie wertvoll sie sind, dann erzeugt das Zuversicht und Selbstwert in ihren Herzen. Damit helfen wir ihnen, das ganze Potenzial von Gottes Plänen und Absichten in ihrem Leben zu verwirklichen.

Drittes Prinzip: Wir sind aufgefordert, einander zu erbauen

„Deshalb ermahnt einander und erbaut einer den anderen, wie ihr auch tut!"

(1. Thessalonicher 5,11)

Wir sind aufgefordert, einander zu erbauen. Was aber bedeutet „erbauen"? Es heißt so viel wie „sich gegenseitig aufzubauen". Ein Gebäude ist etwas, das erst aufgebaut werden musste. Unser ganzes Leben hindurch, ganz besonders aber in der Kindheit und Jugend, sollen wir geistlich und körperlich an Kraft zunehmen. Gott möchte, dass jeder von uns mehr und mehr die überragende Schönheit seines Charakters und seiner Absichten widerspiegelt. Johannes, der Täufer, hatte eine ganz bestimmte Aufgabe, bevor Jesus zum ersten Mal öffentlich auftrat und seinen Dienst begann, und die Bibel berichtet uns auch, wie er in diese Aufgabe hinein gewachsen ist. *„Das Kind aber wuchs und erstarkte im Geist..."* (Lukas 1,80) Wenn wir aber einander durch entmutigende und missbilligende Worte und Haltungen klein machen, sagen wir damit auch: „Ich will deinem Wachstum eine Grenze setzen, damit du auch in Zukunft meinen Erwartungen entsprichst." Auch das ist ein Merkmal einer kontrollierenden Beziehung.

Ein Kind malt ein Bild, auf dem man kaum etwas erkennen kann. Wie schön ist es dann, wenn die Eltern ihre Wertschätzung dadurch ausdrücken, dass sie das Bild an die Wand hängen. So wird die ganze Persönlichkeit des Kindes geistlich aufgebaut und gestärkt. Gott will, dass wir in unserer Beziehung mit ihm und mit anderen Menschen die Erfahrung machen, dass er für uns ist; und zwar in erster Linie wegen dem, was wir sind und nicht wegen dem, was wir tun.

Viertes Prinzip: Wir sollen einander vergeben

Es gehört zur Realität des Lebens, dass wir in unseren Beziehungen nicht immer so behandelt wurden, wie Gott sich das gewünscht hätte. Durch Ablehnung, Missbrauch und Missbilligung sind viele von uns von Menschen beeinflusst worden, die mehr auf ihr eigenes Wohlergehen aus waren als auf das unsrige. Doch Jesus hat uns in Bezug auf Vergebung klare Anweisungen gegeben. Er lehrt uns, wie wir reagieren sollen, wenn wir damit konfrontiert werden, dass andere Menschen uns weh tun. Ganz gleich, wie sehr andere uns verletzt haben, durch das wunderbare Prinzip der Vergebung können wir in all unseren Beziehungen dennoch immer frei und unbefangen bleiben.

Gott hat es so angeordnet, dass Vergebung unser Lebensstil in dieser gefallenen Welt sein soll, damit wir in Freiheit miteinander umgehen können. Vergebung leugnet ja nicht das sündhafte Verhalten des anderen, aber sie befreit uns von dem schädlichen Auswirkungen einer verletzenden Beziehung. Auswirkungen, die wir andererseits ertragen müssen, wenn wir daran festhalten würden, dass der Andere uns etwas schuldet. Menschlich gesehen scheint es fast ein Zeichen von Schwäche zu sein, wenn wir jemandem vergeben, der einen zerstörerischen Einfluss auf unser Leben hatte. Tatsächlich ist dies aber eine Haltung wahrer Stärke, und Jesus macht daraus eine klare Anweisung an seine Jünger und ein Grundprinzip für alle ihre Beziehungen.

„Und wenn ihr steht und betet, so vergebt, wenn ihr etwas gegen jemanden habt..."

(Markus 11,25)

Vergebung ist das Grundprinzip in Gottes Reich. Durch sie können wir in unseren Beziehungen Freiheit bewahren oder wiederherstellen. Sie ist zugleich auch die Grundlage von Gottes Beziehung zu uns. Keiner von uns würde zu Gottes Familie gehören, wenn Jesus der in Sünde gefangenen Menschheit am Kreuz nicht Gottes Vergebung zugesprochen hätte. Ein Herz, das bereit ist, anderen zu vergeben, ist zugleich der Schlüssel dafür, dass Gott auch uns vergibt und uns frei und heil macht. Diese Wahrheit bringen wir jedes Mal zum Ausdruck, wenn wir im Vaterunser beten:

> *„Und vergib uns unsere Schulden, wie auch wir unseren Schuldnern vergeben haben"*
>
> (Matthäus 6,12)

Diese Grundprinzipien für unsere Beziehungen sollen sich in unserem Verhalten zueinander widerspiegeln. Wir segnen oder fluchen einander wohl am nachhaltigsten und direktesten mit den Worte, die wir anderen Menschen sagen. Jakobus schreibt dazu in seinem Brief:

> *„Aus demselben Mund geht Segen und Fluch hervor. Dies, meine Brüder sollte nicht so sein!"*
>
> (Jakobus 3,10)

Aufbauende Worte vermitteln dem, an den sie gerichtet sind, Leben, negative Worte dagegen können großen Schaden anrichten. Der Schreiber von Sprüche 15,4 drückt das so aus:

> *„Eine sanfte Zunge ist ein Lebensbaum, eine falsche Zunge bricht das Herz."*
>
> (Einheitsübersetzung)

Ein paar wenige harte Worte schon können uns negativ prägen, wenn sie von jemandem ausgesprochen werden, dem wir vertraut haben. Und manchmal sind es gar nicht so sehr die Worte selbst, die gesprochen wurden, als die unsichtbare Macht, die dahinter steht:

> *„Sie spannen ihre Zunge als ihren Bogen..."*
>
> (Jeremia, 9,2)

„Mit seinem Mund redet man Frieden zu seinem Nächsten,
in seinem Inneren aber legt man ihm einen Hinterhalt."

(Jeremia 9,8)

Ist eine Beziehung nicht in Gottes Ordnungen, dann kann sie uns eine schädigende Wirkung auf uns haben. Ist eine Beziehung aber vom Charakter Gottes geprägt, dann schafft sie eine innere Verbundenheit, durch die Geist und Seele geschützt und gestärkt werden. Das göttliche Band einer guten Beziehung wird in Kolosser 3,14 sehr knapp und treffend beschrieben:

„Zu diesem allen aber zieht die Liebe an, die das Band der
Vollkommenheit ist!"

Familiäre Bindungen

Wie ich bereits sagte, ist die tiefste Verbindung, die Gott für zwei Menschen vorgesehen hat, die eines Mannes und einer Frau, innerhalb des schützenden Rahmens einer Ehe. Die Ehe spiegelt den himmlischen Bund wieder, den Gott mit uns Menschen geschlossen hat, und Jesus bekräftigt, dass Gott die Ehebeziehung so eingerichtet hat, dass man dabei von „ein Fleisch sein" sprechen kann (Matthäus 19,5). Das heißt, dass körperliche und geistige Intimität die Leben eines Mannes und einer Frau buchstäblich zu einer Einheit zusammenschließt. Unter der Obhut Gottes schafft dieses starke Band eine Umgebung, in der das Ehepaar und natürlich auch deren Kinder geschützt reifen und wachsen können.

Die göttliche Seelenbindung zwischen einem Ehemann und einer Ehefrau führt zu einer wachsenden Einheit der Herzen und zu einem gemeinsamen Verfolgen der Ziele, die Gott wichtig sind. Einigkeit im Geiste Gottes ist ein wichtiger Faktor, damit sich Gottes Pläne und Absichten für die ganze Familie erfüllen können. Jesus verspricht uns:

„Wenn zwei von euch auf der Erde übereinkommen, irgendeine Sache zu erbitten, so wird sie ihnen werden von meinem Vater, der in den Himmeln ist."

(Matthäus 18,19)

Somit ist Gott gewirkte Verbundenheit innerhalb der Familie eine starke Schutzmauer gegen die Zerstörungsversuche des Feindes. Wirklich gute Beziehungen schließen immer gegenseitige Unterordnung und Hingabe ein; das zeigt sich auch an den Anweisungen, die Gott den Familien gibt, damit sie zu ihrem eigenen Wohlergehen zusammenwirken. So gibt Paulus Ehemännern und Ehefrauen die folgenden Regeln mit auf den Weg:

„Die Frauen sollen sich den eigenen Männern unterordnen als dem Herrn... Ihr Männer, liebt eure Frauen, wie auch der Christus die Gemeinde geliebt und sich selbst für sie hingegeben hat."

(Epheser 5,22.25)

Obwohl Frauen und Männer in den Augen Gottes natürlich gleich viel wert sind, werden die Frauen hier doch aufgefordert, die letztendliche Autorität in der Familie dem Mann zu überlassen. Kein Schiff wird seinen Kurs auf See sicher finden, wenn zwei Steuermänner das Steuer in unterschiedliche Richtungen zerren. Gleichzeitig ist der Ehemann in dieser Funktion als Haupt der Familie aber dafür verantwortlich, sich selbst seiner Ehefrau in einer opferbereiten Haltung hinzugeben. Genauso wird von den Kindern erwartet, dass sie sich der Autorität ihrer Eltern unterstellen.

Die von Gott gegebene Verbindung zwischen kleinen Kindern und ihren Eltern sollte sehr stark sein und, neben der Pflege, dem Kind den Schutz geben, den es nötig braucht, um sich selbst und den richtigen Umgang mit seiner Umwelt zu entdecken. Ich kann mich noch gut an ein Foto mit mir als Kleinkind erinnern, auf dem ich ein kleines Geschirr mit Zügeln trage. Diese hielt meine Mutter in der Hand und verhinderte so, dass ich auf die Straße lief, an der wir gerade entlang gingen. Das ist ein ganz praktisches Abbild der angemessenen und notwendigen Kontrolle, die meine Mutter über meine Entscheidungen hatte, während ich mehr und mehr lernte, mit den Gefahren in meiner Umwelt umzugehen. Mein Wille war an den meiner Mutter gebunden und ihr Wille herrschte über mich zu einer Zeit, als ich mich durch meine Unreife noch ständig selbst in Gefahr gebracht hätte.

Die Mitglieder einer Familie sind durch solche, von Gott gegebenen Bindungen zwischen ihren Seelen miteinander verbunden, während jeder Einzelne sich in die Ordnung einfügt, die Gott für die Familie geschaffen hat. Gott wusste, dass diese Welt nach dem Sündenfall geistlich Feindesland war und dass der Feind durch den Ungehorsam des Menschen ein Recht hatte, Macht über den Menschen auszuüben. So richtete Gott innerhalb der Strukturen einer Familie einen geschützten Raum ein, in den jedes Mitglied der Familie eingebunden sein soll.

Gelegentlich hört man den Ausdruck „im Schutz der Gruppe". In Wirklichkeit besteht dieser Schutz aber nur, wenn jedes Mitglied einer Gruppe seinen Teil innerhalb der berechtigten Ordnung dieser Gruppe erfüllt. Es fällt dem Feind viel schwerer, Menschen zu beeinflussen, die sich innerhalb der Strukturen einer Familie unter Gottes Segen bewegen. Ein Raubtier wird immer versuchen, die Herde aufzuspalten und dann ein vereinzeltes Tier zu erwischen, und genau das ist die bevorzugte Taktik des Teufels:

„Euer Widersacher, der Teufel, geht umher wie ein brüllender Löwe und sucht, wen er verschlinge."

(1. Petrus 5,8)

Natürlich lernen Kinder im Laufe der Zeit, ihren eigenen Weg im Leben zu finden und ihre eigenen Entscheidungen zu treffen. Geschirr und Zügel werden abgenommen und die Kinder lernen, die Konsequenzen ihrer Entscheidungen selber zu tragen. Wenn das Kind dann irgendwann das Haus verlässt, müssen wir es vollkommen loslassen und keinerlei Kontrolle mehr ausüben. Von da

an bleiben nur die tiefen familiären Bindungen der Liebe und
Fürsorge, die niemals abnehmen müssen.

Unter der Herrschaft Gottes sind Beziehungen immer mehr
vom Geben als vom Nehmen geprägt. Uns selbst zu geben, das
macht uns aber verletzlich und angreifbar, und bedeutet immer,
dass wir unserer Seele ein Stück weit für den anderen öffnen.
Unglücklicherweise machen wir dann oft die Erfahrung, dass wir
durch diese Offenheit verwundet werden. So lernen wir mit der
Zeit, uns selbst zu schützen und abzuschirmen und weitere
schmerzhafte Erfahrungen zu vermeiden. In dem Maße jedoch,
wie wir lernen, dem „Hüter unserer Seelen" zu vertrauen, können
wir den Mut finden, die Härte, mit der wir unsere Seele zu schützen suchen, Stück für Stück wieder aufzugeben. Dann können wir
die Nähe und Vertrautheit in Beziehungen in viel tieferem Maße
erfahren und genießen. Wir können es uns dann leisten, verwundbar zu sein, weil wir wissen, dass wir in der Beziehung zu Gott sicher sind und dass er uns Schutz gibt, wenn uns Schaden droht.
Hingabe führt zu geistiger Verbundenheit. Das hat Gott so eingerichtet, um uns Gutes zu tun und unser Leben zu bereichern, vor-
ausgesetzt, wir beachten seine Anweisungen und bleiben innerhalb
der Grenzen, die für die jeweilige Beziehung angemessen sind.

Wenn wir beim Geschlechtsverkehr unseren Körper einem anderen Menschen hingeben, dann machen wir uns damit sehr angreifbar und verletzlich. Gott weiß, dass das unter bestimmten
Umständen auch schädlich für uns sein kann und hat daher den
Bund der Ehe eingerichtet, innerhalb dessen wir uns bedenkenlos
hingeben können. Im Rahmen einer Ehe sind wir unser ganzes
Leben hindurch sicher und in dem Maße wie wir geben, empfangen wir auch. In dieser tiefsten aller denkbaren Beziehungen gibt
es für uns nichts zu verlieren. Unter dem Schirm des Heiligen
Geistes werden die Leben des Ehemannes und der Ehefrau mehr
und mehr vereint und aufgebaut.

Bindungen innerhalb der Gemeinde

Jesus wies seine Jünger an, Brot und Wein miteinander zu teilen und beides mit seinem Körper und seinem Blut zu identifizieren – gegeben für die Erlösung der Menschheit. Paulus erinnert die Christen in Korinth daran, dass es wichtig ist, die tiefe Bedeutung dieser Anweisung zu verstehen und in Ehren zu halten. Unter anderem sagt er, dass dieses gemeinschaftliche Essen des Brotes ein machtvolles Symbol dafür ist, dass Menschen, die Jesus nachfolgen, durch den Heiligen Geist mit dem Leib des Christus verbunden sind. In ihrer Hingabe an Jesus werden Menschen miteinander verbunden und bringen das zum Ausdruck, indem sie ein Brot miteinander teilen:

„Denn ein Brot, ein Leib sind wir, die vielen, denn wir alle nehmen teil an dem einen Brot."

(1. Korinther 10,17)

Die Gemeinde, der Leib des Christus hier auf der Erde, sollte zeigen, wie gut es sein kann, wenn Seelen miteinander verbunden sind. In Christus ist es möglich, in Einheit auf ein gemeinsames Ziel hin ausgerichtet zu sein, ohne dabei seine persönliche Identität oder wirkliche Freiheit aufzugeben. Dieser Zusammenschluss von Menschen, die Jesus Christus dienen und in diesem Streben in rechter Weise verbunden sind, lässt sich durch den Heiligen Geist führen und ausrüsten. So kann jeder Einzelne seinen wichtigen Beitrag zum Wohlergehen des Ganzen leisten. Während wir den Sinn Christi immer besser verstehen, werden wir auch mehr und mehr zu „Geistesverwandten". Trotzdem werden wir natürliche keine Kopien von einander, sondern bleiben individuelle Persönlichkeiten, die sich gegenseitig ergänzen. So werden wir gemeinsam zu einer reinen Braut für ihn.

Die Bibel schreibt an einigen Stellen darüber, wie stark die Bande zwischen den Christen in der frühen Gemeinde waren. Sie folgten den Anweisungen des auferstandenen Jesus, und die Bezie-

hungen, die dabei entstanden waren, unterschieden sich stark von
der Selbstsucht, die in der Welt um sie herum herrschte. Gesell-
schaftlicher Status oder das Geschlecht schienen unter ihnen weniger wichtig zu sein. Der gemeinschaftliche Wunsch, in Gerechtigkeit vor Gott zu leben, brachte eine Einigkeit mit sich, die von
Gott inspiriert war und nicht durch menschliche Anstrengungen
erzeugt werden musste:

> *„Diese alle waren stets beieinander einmütig im Gebet samt*
> *den Frauen..."*
>
> (Apostelgeschichte 1,14)

Für Gott war die gemeinsame Mahlzeit immer ein Mittel, um
Verbundenheit miteinander zum Ausdruck zu bringen. Mit anderen Menschen zusammen zu essen zeigt die Bereitschaft, das
Geben und Empfangen der Grundlage unseres physischen Lebens
miteinander zu teilen. Gemeinsame Mahlzeiten sind für jede Familie wichtig und sollten auch zur Gemeinschaft innerhalb der
Gemeinde gehören. In den frühen Tagen der Gemeinde war das
jedenfalls eindeutig so:

> *„Täglich verharrten sie einmütig im Tempel und brachen zu*
> *Hause das Brot, nahmen Speise mit Jubel und Schlichtheit*
> *des Herzens."*
>
> (Apostelgeschichte 2,46)

Wir haben schon gesehen, dass das Wort „Joch" in der Bibel verwendet wird, um einerseits geistliche Autorität über das Leben von
Menschen auszudrücken, andererseits aber auch die Art und Weise
zu bezeichnen, wie wir miteinander verbunden sind. Paulus nennt
seine Freunde in Philippi „Jochgenossen", um mit einem Wort die
besondere Verbindung, die er mit ihnen hatte, zusammenzufassen.
Sie standen, wie er, in der täglichen Führung durch Jesus:

„Die Evodia ermahne ich, und die Syntyche ermahne ich, dieselbe Gesinnung zu haben im Herrn! Ja, ich bitte auch dich, mein rechter Gefährte (wörtlich: Jochgenosse), stehe ihnen bei, die in dem Evangelium zusammen mit mir gekämpft haben, auch mit Klemens und meinen übrigen Mitarbeitern, deren Namen im Buch des Lebens sind."

(Philipper 4,2-3)

Die Kernaussage von Paulus Botschaft an die Christen in Ephesus ist, dass sie unter dem Schutz von Jesus Christus, der alle Beziehungen recht ordnet, einander hingegeben sein sollten. Auf eine gute Weise sollten sie in ihren Seelen miteinander verbunden sein:

„Ordnet euch einander unter in der Furcht Christi."

(Epheser 5,21)

Das verlangt etwas von uns und ist eine echte Herausforderung, aber wenn wir in unseren Gemeinden dazu übergehen würden, einander wirklich in dieser Weise zu lieben, dann würde Gottes Kraft in unserer Mitte in einer Weise freigesetzt, die alles übertrifft, was wir uns derzeit vorstellen können.

Schon David sah dieses Potenzial für Gottes überfließende Salbung und wunderbaren Segen und drückt das in Psalm 133 so aus:

Siehe, wie gut und wie lieblich ist es,
wenn Brüder einträchtig beieinander wohnen.
Wie das köstliche Öl auf dem Haupt,
das herabfließt auf den Bart,
den Bart Aarons,
das herabfließt auf den Halssaum seiner Kleider.
Wie der Tau des Hermon,
der herabfließt auf die Berge Zions.
Denn dorthin hat der Herr den Segen befohlen;
Leben bis in Ewigkeit.

So sollte es sein! Trotzdem müssen wir uns natürlich der Realität stellen, dass auch in der Gemeinde unangemessene Kontrolle und andere sündhafte Haltungen dazu führen, dass dort negative Bindungen entstehen, wo eigentlich Segen und Freiheit sein sollten.

Zusammenfassung

Wohltuende Bindungen zwischen Menschen resultieren aus von Gott gewirkten Beziehungen. Jesus lehrte seine Jünger, dass sie Beziehungen mit ganz neuen Augen sehen sollen. Mit Ausnahme kleiner Kinder, denen ihre Eltern in rechter Weise Grenzen setzen müssen, sollte kein Mensch unter der Kontrolle eines anderen Menschen stehen. Jesus ruft uns dazu auf, andere Menschen zu akzeptieren und aufzubauen, ihren Wert zu achten und in Frieden miteinander zu leben, indem wir anderen vergeben, sofern sie gegen uns gesündigt haben.

Jede wirkliche Beziehung erfordert ein gewisses Maß an Hingabe. Das macht uns zugleich anfällig für Kontrolle, aber in dem Maße, wie wir unser Leben mehr und mehr Jesus und seinen Anweisungen unterstellen, sehen wir, dass wir in ihm auch mit einem dienenden Herzen geschützt sind und keine Angst zu haben brauchen, unter die Räder zu kommen.

Jetzt wird es Zeit, dass wir uns, mit Liebe zur Wahrheit, die nicht von Gott gesegneten Beziehungen in unserem Leben anschauen. Wo diese dazu geführt haben, dass wir in unangemessener Weise kontrolliert wurden, leiden wir womöglich noch heute unter diesem geistigen Einfluss. Werfen wir nun einen genaueren Blick auf negative Bindungen.

Kapitel 5

Negative Bindungen

Der Einfluss falscher Beziehungen

Es geht immer darum, wer wen wie beeinflusst oder kontrolliert

In diesem Kapitel wollen wir anhand verschiedener Arten von Beziehungen untersuchen, wie es geschehen kann, dass wir durch negative Bindungen gefangen werden können. In allen Beziehungen dieser Art haben Kontrolle und der daraus resultierende geistige Einfluss eine Schlüsselfunktion. Wenn in Beziehungen, die nicht unter Gottes Segen standen, ein kontrollierender Einfluss auf unsere Seele ausgeübt wurde, dann befindet sich dieser Aspekt unseres Lebens außerhalb von Gottes Ordnung.

Der Feind erhält dadurch das Recht, auf die Beziehung einzuwirken, um unser Leben und letztendlich auch unseren Willen zu beeinflussen. Wir müssen sehen, dass eine negative Bindung nicht nur falsch ist, sondern dass sie in geistlichen Bereich der Finsternis existiert, und zwar so lange, bis wir durch Jesus Christus davon frei werden.

Beziehungen verursachen so viel Kummer und seelisches Leid im Leben! Trotzdem hat Gott uns dazu geschaffen, mit unserem Verstand, unserem Willen und unseren Gefühlen miteinander in Beziehung zu stehen, um Ideen, Entscheidungen, gute und schlechte Zeiten mit Familie und Freunden zu teilen. Das Problem ist nur: wenn wir unsere Herzen dafür öffnen, stört und verzerrt die Sünde, die alle Bereiche menschlichen Lebens durchdringt, nur allzu leicht das, was Gott als Segen gedacht hat.

Womöglich haben wir unser Herz jemandem geöffnet, dem wir vertraut haben, um dann festzustellen, dass diese Person schließlich durch unangemessene Kontrolle unser Leben in einer Weise beeinflusste, die Gott nie beabsichtigt hatte. Wenn jemand in unserem Leben Autorität ausübt, die nicht von Gott gegeben ist, dann gehört diese Beziehung zwangsläufig geistlich gesehen zum Reich der Finsternis. Vielleicht haben wir uns so sehr nach Liebe gesehnt, dass wir uns auf Beziehungen eingelassen haben, die außerhalb von Gottes Ordnungen lagen. Auch das sind Bereiche der Finsternis. Wir wollen Gott dafür preisen, dass es nie zu spät ist, in dem Maße, wie Gott uns ungöttliche Beziehungen erkennen lässt, diese auch ans Licht zu bringen. Die Schrift mahnt uns:

„Und habt nichts gemein mit den unfruchtbaren Werken der Finsternis, sondern stellt sie vielmehr bloß."

(Epheser 5,11)

Ungeklärte Beziehungen, die im geistlichen Dunkel verborgen bleiben, halten uns gebunden, sie stören unseren Verstand, unseren Willen und unsere Gefühle. Diese ungöttlichen Seelenbindungen sind wie ein Haken, mit dem an uns gezerrt wird und sie hindern uns daran, von den Auswirkungen negativer Beziehungen geistlich frei zu werden. Sie halten uns davon ab, unserer Berufung im Herrn zu folgen und ziehen uns in die Reihen des Feindes hinein. Schauen wir uns doch einmal genauer an, welche Beziehungen zu einer negativen Bindung, die uns gefangen nimmt, führen können.

Negative Bindungen durch Sex mit dem falschen Partner

König Salomo gehorchte Gott nicht, missachtete die Anweisungen, die Gott dem Volk gegeben hatte und ließ sich mit hunderten von heidnischen Frauen ein. Wir lesen, dass Salomon „an ihnen hing":

> *„Der König Salomo aber liebte viele ausländische Frauen... von den Nationen, von denen der Herr zu den Söhnen Israel gesagt hatte: Ihr sollt nicht zu ihnen eingehen... fürwahr, sie würden euer Herz ihren Göttern zuneigen! An diesen hing Salomo mit Liebe."*
>
> (1. Könige 11,1-2)

Was hier angesprochen wird, spielte sich offenbar nicht nur auf der körperlichen Ebene ab. Durch die sexuelle Beziehung, die er freiwillig einging, war er faktisch geistlich an jede einzelne dieser Frauen und damit auch an deren Glauben und Überzeugungen gebunden. Daraus folgte, dass sie begannen, Einfluss auf sein Herz zu nehmen und so brachten ihn diese unrechtmäßigen Bindungen schließlich dazu, sich von den Wegen des Herrn abzuwenden.

Auch eine einzige ungöttliche Seelenbindung durch Sex mit dem falschen Partner kann schon ähnliche Konsequenzen haben.

Sexueller Verkehr ist die tiefste Art, wie wir uns einer anderen Person hingeben können. Wir öffnen dabei unser ganzes Wesen dieser anderen Person, in einer Weise, die uns sehr angreifbar macht. Gott hat uns nun angewiesen, dies nur innerhalb der Grenzen einer Ehe und mit genau einer Person des anderen Geschlechts zu tun. Außerhalb dieser Grenzen, die Gott uns gewiesen hat, bringt uns diese sehr intime Art der Beziehung mit dem geistigen Reich der Finsternis in Berührung und führt nur zu Gebundenheit und keinesfalls zu mehr Freiheit. Paulus macht das in 1. Korinther 6,16 sehr deutlich:

> *„Oder wisst ihr nicht, dass, wer der Hure anhängt, ein Leib mit ihr ist? ‚Denn es werden', heißt es, ‚die zwei ein Fleisch sein.'"*

Interessanterweise bedeutet das griechische Wort, das hier mit „anhängen" übersetzt wird, so viel wie „zusammenkleben". Es ist eine geistliche Tatsache, dass das Zusammenkommen von zwei Menschen im Geschlechtsverkehr diese weit über die körperliche Vereinigung hinaus verbindet.

Gott wollte, dass die sexuelle Gemeinschaft in der Ehe immer wieder neu die körperliche, gefühlsmäßige und geistliche Verbundenheit der Ehepartner bestätigt und verstärkt. Unglücklicherweise ruft aber auch Sex abseits von Gottes Ordnungen die gleichen Bindungen hervor, doch gehören diese Bindungen ins Reich der Finsternis und bringen Schaden und keinen Segen mit sich. Das unsichtbare Band, das durch unrechtmäßigen Geschlechtsverkehr entstanden ist, wird nicht automatisch zerrissen, wenn die beiden Menschen nach dem Sex wieder auseinandergehen. Ungöttliche Seelenbindungen liegen im Bereich des Geistes und haben damit eine ewige Dimension. Sie können nur durch die Freiheit, die Jesus schenkt, durchbrochen werden.

Unrechtmäßige sexuelle Bindungen können unterschiedliche Auswirkungen haben. Manchmal berichten Menschen zum Beispiel, dass das Bild eines früheren Partners, mit dem sie geschlafen haben, in ihren Gedanken aufsteigt, wann immer sie mit ihrem Ehepartner intim werden wollen. Es gelingt ihnen nicht, diesen Gedanken zu verbannen. Hatte einer der früheren Sexualpartner gar mit okkulten Praktiken zu tun, dann kann es passieren, dass man selbst unter den Einfluss der geistigen Mächte gerät, an die sich diese okkulten Praktiken gerichtet haben. So ist es Salomo ergangen, als er von den Wegen Gottes weggezogen wurde.

Unser Team bei Ellel betete einmal für eine Frau, die eine ganze Reihe verschiedener Sexualpartner in einem Teil von London hatte, in dem sehr viele Hindus wohnen. Während Gott sie befreite und von den ungöttlichen Bindungen heilte, nahm ihr Körper für kurze Momente die Gestalt einiger dämonischer Hindugötter an. Diese hatten offenbar durch die sexuellen Beziehungen Einfluss auf ihr Leben gewonnen.

Innerhalb der Ehe führen göttliche Bindungen dazu, dass wir mit unserem Partner eines Sinnes sind. Auch wenn wir vielleicht gerade Kilometer voneinander entfernt sind, stellen wir dann womöglich fest, dass wir gerade an dasselbe dachten oder unbewusst in eine ähnliche Richtung handelten. Vielleicht kaufen wir das gleiche Geschenk für einander oder rufen uns genau zum selben Zeitpunkt an. Das ist sehr schön, wenn es sich um unseren Ehepartner handelt, aber absolut nicht hilfreich, wenn wir plötzlich düsteren Gedanken nachhängen, weil zum Beispiel ein früherer Sexualpartner in okkulte Praktiken verstrickt war. Vielleicht haben wir diesen Menschen jahrelang nicht gesehen, aber der „Zug", in ähnlichen Mustern zu denken, kann uns nach wie vor unbewusst beherrschen, selbst wenn wir gar nicht richtig wissen, wo dieser Einfluss her kommt.

Homosexuelle (und lesbische) Empfindungen sind eine Fehlfunktion in der Art und Weise, wie wir nach Gottes Absicht unsere Sexualität wahrnehmen und ausdrücken sollen. Diese gestörten Empfindungen sind Ausdruck einer Persönlichkeitsschädigung, die auf eine ganze Reihe von Ursachen zurückzuführen sein kann. Die Bibel sagt klar, dass praktizierte Homosexualität (beiderlei Geschlechts) Sünde ist, das ist dann, wenn wir unseren sexuellen Empfindungen Ausdruck geben, in dem wir uns mit unserem Körper einer Person des gleichen Geschlechts hingeben. Daher wird jede derartige Beziehung starke ungöttliche Bindungen zwischen den beteiligten Personen erzeugen.

Homosexuelle Gruppen ziehen oft ein starkes Gefühl der Identifikation daraus, sich an bestimmten Orten in einer Stadt oder auf bestimmten Internetseiten zu treffen. Und sicherlich gibt es in jedem von uns den starken Wunsch, zu einer „Familie" zu gehören. Nur missbraucht der Feind diesen Wunsch gern für seine Zwecke, während die Sündhaftigkeit des Menschen ihn weiter und weiter aus der Ordnung Gottes hinaus treibt. Homosexuelle und andere Gruppen, die nicht von Gott gewollte sexuelle Praktiken ausleben, können auf der geistigen Ebene sehr stark miteinander verbunden sein. Für diejenigen, die von derartigen Bindungen

frei werden wollen, wird der Heilungsprozess ein Ausbrechen aus
dem kollektiven Einfluss solcher Gruppen und die radikale
Trennung von bestimmten Menschen einschließen müssen.
An vielen Stellen in der Schrift hat Gott sexuelle Verirrung
und Ehebruch mit geistlichem Ehebruch, d. h. mit der Anbetung
falscher Götter, gleich gesetzt. Beides hat damit zu tun, dass wir
uns mit unserer ganzen Persönlichkeit und auf Wegen, die Gott
verboten hat, hingeben. Wenn wir unseren Körper vor einer Person
oder einem Götzen niederwerfen, dann unterwerfen wir damit
gleichzeitig auch unsere Seele und unseren Geist. Wir liefern unser
ganzes Sein der geistigen Kontrolle eines anderen aus.

Negative Bindungen durch Verehrung falscher Götter

Götzendienst oder Verehrung falscher Götter bedeutet, dass wir
unsere Persönlichkeit irgendjemand oder irgendetwas ausliefern,
der oder das uns von der wahren Anbetung Gottes durch Jesus
Christus ablenkt. Es gibt ein grundlegendes geistliches Gesetz in
Gottes Schöpfung, das besagt, dass wir mehr und mehr so werden
wie das, was wir verehren. Psalm 115,8 sagt hierzu:

*„Ihnen (den Götzen) gleich sollen die werden, die sie mach-
ten, ein jeder, der auf sie vertraut."*

Geistlich gesehen werden wir von dem, was wir verehren, beherrscht und in der Tat mehr und mehr erfüllt. Dies war natürlich
von Anfang an Gottes Wunsch und Absicht für uns. Wenn wir
Jesus anbeten, werden wir mehr und mehr mit seinem Geist erfüllt. Wir werden im Geist mit Jesus vereint:

„Wer aber dem Herrn anhängt, ist ein Geist mit ihm."
(1. Korinther 6,17)

In falschen Religionen, in Kulten und anderen Praktiken, wie z. B. den fernöstlichen Kampfsportarten, werden die Anhänger an jene gebunden, die geistige Autorität über sie haben, und nehmen dabei mehr und mehr Eigenheiten von deren Charakter an. Das gilt besonders dort, wo Leiter starke Kontrolle ausüben. Doch wir alle können uns entscheiden, wen wir anbeten wollen. Dabei sollten wir beachten, dass wir jenen, denen wir nachfolgen, immer auch geistige Autorität über uns Leben geben. Für diejenigen, die, bevor sie Christen wurden, andere Götter verehrt haben, wird es notwendig sein, von den starken Bindungen an ihre früheren religiösen Führer, Gurus und falschen Propheten gelöst zu werden. Darüber hinaus werden in aller Regel auch starke Bindungen an die bestehen, mit denen sie gemeinsam angebetet haben.

Jeder, mit dem wir eine tief gehende Beziehung hatten und dem wir einen nicht von Gott gewollten Stellenwert in unserem Leben eingeräumt hatten, kann für uns zum Götzen werden. Sehr deutlich wird dies zum Beispiel bei Pop- und Filmstars, deren Fans von der faszinierenden Ausstrahlungskraft ihrer Idole oft geradezu beherrscht werden. Häufig übernehmen diese Fans bewusst Verhaltensweisen, Haltungen und Charaktereigenschaften der Person, die sie als Star und Idol verehren. Schon manches Mal mussten wir Menschen helfen, durch Jesus von den falschen, aber starken Bindungen an ihre früheren Idole wieder frei zu werden.

Negative Bindungen durch sexuelle Fantasien

Etwas Ähnliches geschieht, wenn wir uns Bilder mit sexuellem Inhalt ansehen. Den für sexuelle Reize empfänglichen Bereich unserer Persönlichkeit mit pornografischen Bildern zu füttern, ist auch eine Form der Götzenanbetung. Solche Bilder, ganz gleich ob auf Papier oder auf dem Bildschirm, sind für unsere Fantasie wie Sexualpartner und wir können an sie genauso stark gebunden werden wie an einen wirklichen Menschen. Das Bild selbst hat zwar keine menschliche Seele, aber unsere Seele kann durch die Mächte der Finsternis an diese Bilder oder pornografischen Internetseiten gebunden werden. Es kommt häufig vor, dass unreine Geister von Menschen Besitz ergreifen, die tief in Pornografie verstrickt sind. Der Feind versucht, auf jede nur mögliche Weise Beziehungen außerhalb der Ordnungen Gottes zu fördern. Wir aber sollen einen festen Stand in Gott einnehmen, um der Pornografie zu widerstehen und zusammen mit dem Psalmisten sagen zu können:

> *„Ich will keine heillosen Dinge ins Auge fassen; Übertretungen zu begehen hasse ich; das soll nicht an mir kleben.“*

(Psalm 101,3)

Jesus hat uns ziemlich deutlich gesagt, dass Ehebruch im Herzen genauso ernst zu nehmen wie ist wie tatsächlicher, körperlich vollzogener Ehebruch.

> *„Ich aber sage euch, dass jeder, der eine Frau ansieht, sie zu begehren, schon Ehebruch mit ihr begangen hat in seinem Herzen.“*

(Matthäus 5,28)

Ob der Sexualpartner nun real oder nur eingebildet ist, die Auswirkungen auf unsere Seele können ähnlich stark sein. Unsere Sexualität ist ein sehr wertvoller Aspekt unserer Persönlichkeit und Gott wollte nie, dass wir diesen außerhalb des Ehebundes in irgendeiner Weise offenlegen. Nur die Ehe ist der sichere Ort, an dem wir unsere Sexualität ausüben können.

Der Feind ist ein gewohnheitsmäßiger Lügner. Wenn wir uns auf ungöttliche Fantasien einlassen, dann betreten wir sein Territorium. Dort herrschen Betrug und Finsternis und leicht können wir in unseren Seelen umgarnt werden. Zahllose Christen kommen zu uns in die Ellel-Zentren, die sich in der Falle der Pornografie gefangen fühlen. Dieses Problem hat zweifellos in den letzten Jahren weltweit stark zugenommen, weil durch das Internet der Zugang zu sexuellen Inhalten so erschreckend einfach geworden ist.

Negative Bindungen an Tiere

Auch an Tiere können Menschen auf eine nicht von Gott gewollte Weise gebunden sein. Natürlich haben Tiere nicht in der gleichen Weise wie ein Mensch Seele und Geist, und doch können auch durch ein Tier Mächte geistlicher Finsternis am Werk sein. Als Jesus den von Dämonen gequälten Mann in der Gegend von Gerasa befreite, sandte er die Dämonen in die Schweine:

> *„Es weidete aber fern von ihnen eine Herde von vielen Schweinen. Die Dämonen aber baten ihn und sprachen: Wenn du uns austreibst, so sende uns in die Herde Schweine! Und er sprach zu ihnen: Geht hin! Sie aber fuhren aus und fuhren in die Schweine."*

(Lukas 8,30-32)

Wenn zwischen einem Menschen und einem Tier eine ungute Beziehung besteht, dann kann die geistige Kontrolle über diese Beziehung, oder auch über das Tier selbst, durchaus in den Händen des Feindes liegen. Beispiele für negative Beziehungen zu einem Tier sind die übermäßige Verehrung eines Tieres, Sodomie und auch einfach jede nicht artgerechte Behandlung oder Unterdrückung eines Tieres durch einen Menschen. Ein Mensch kann durch ungesunde Bindungen an ein Tier sogar dämonisch belastet werden, wenn dem Feind solche Rechte eingeräumt werden. In Fällen besonders tiefer Gebundenheit kann es sogar vorkommen, dass der Mensch Charaktereigenschaften und Verhaltensmerkmale des betreffenden Tieres übernimmt. In einigen Religionen, Kulten und Hexenzirkeln wird diese Identifikation mit Tieren, beispielsweise durch entsprechende Opferrituale, sogar ausdrücklich gesucht, um durch das Übernehmen bestimmter Charakteristika des Tieres spirituelle Macht zu erlangen. Darin spiegelt sich das wieder, was Paulus in Römer 1,25 so beschreibt:

*„Sie, welche die Wahrheit Gottes in Lüge verwandelt und
dem Geschöpf Verehrung und Dienst dargebracht haben statt
dem Schöpfer, der gepriesen ist in Ewigkeit."*

Solche Bindungen an ein Tier kann man nun nicht direkt eine
Seelenbindung nennen, dennoch erwachsen auch daraus dämonische Gebundenheiten und können ein beträchtliches Maß an
Finsternis in das Leben eines Menschen bringen. Wir wollen jedoch nie vergessen, dass wir unter allen Umständen die wunderbare Möglichkeit haben, durch die Vergebung, die Gott uns in Jesus
Christus gewährt, wieder frei zu werden.

Negative Bindungen durch falsche Übereinkünfte

Es gibt viele verschiedene Wege, wie Menschen ihre Einigkeit in
einer Sache besiegeln. Und Gott selbst hat ja das göttliche Prinzip
des Bundes geschaffen, welcher sowohl für die tiefe Beziehung mit
ihm als auch mit unserem Ehepartner die rechtmäßige Form ist.
Traditionell wurden Bündnisse oft durch feierliche Eide in Verbindung mit rituellen Handlungen und Opfern, die wechselseitige
Hingabe bezeugen sollten, besiegelt. Folgen wir durch unsere Beziehung mit Jesus Gottes Anweisungen für unser Leben, dann sind
sowohl der Bund mit ihm, als auch der Bund mit unserem Ehepartner Quellen großen Segens. Wo immer wir jedoch eine ähnlich tiefe Bindung außerhalb der Grenzen seiner Gebote eingehen,
kann dies sehr negative Auswirkungen auf uns haben.

Ein Beispiel für eine falsche Bindung an andere ist die Kon-
spiration oder Verschwörung. Konspirationen waren zu allen
Zeiten ein fruchtbarer Nährboden für unrechtmäßige Aktivitäten.
Das Wort selbst (kon = zusammen und spirit = Geist) enthält schon
Anklänge an eine geistige Verbindung von Menschen. Dient sie
auch noch zur Erreichung illegaler Ziele, dann haben wir es eindeutig mit einer ungöttlichen Seelenbindung zu tun. Manchmal
führen die Teilnehmer an einer Verschwörung einfache Rituale

aus oder sprechen gemeinsame Schwüre, um sich an das gemeinsame Ziel zu binden.

Eine Studentenverbindung mag eine ganze harmlose Gruppe von Freunden sein. Doch ist es, besonders in den USA, nicht unüblich, dass bestimmte gemeinsame Rituale vollzogen werden, um die Mitglieder der Gruppe aneinander zu binden. Ich erinnere mich, dass ich vor einiger Zeit mit Colin, einem ausgesprochen sensiblen Mann, gebetet habe, der Jahre zuvor an der Universität mit ein paar Freunden einen Pakt eingegangen war. Schon ziemlich alkoholisiert hatten sie sich gegenseitig versprochen, für den Rest ihres Lebens keine Rücksicht mehr auf die Folgen ihres Handelns zu nehmen und hatten dieses Versprechen mit einem besonderen, rituellen Handschlag besiegelt. Rückblickend schien es einfach nur eine dumme Idee, ohne besondere Bedeutung zu sein, bis Gott ihn, als wir gemeinsam wegen der belastenden Dinge beteten, an dieses Ereignis erinnerte. Als er Gott diese falsche Einstellung zum Leben bekannte und das Versprechen widerrief, schüttelte es ihn am ganzen Körper und danach wusste er, dass Gott ihn sowohl von dem Versprechen als auch von der nicht Gott gemäßen Verbindung an die Anderen gelöst hatte. Zum ersten Mal seit vielen Jahren verspürte er wirkliche Freiheit. Jesus hat gesagt:

„Ich aber sage euch: Schwört überhaupt nicht... Es sei aber eure Rede: Ja, ja! Nein, nein! Was aber darüber hinausgeht, ist vom Bösen."

(Matthäus 5,34.37)

Viel weitreichendere Konsequenzen hat es, wenn man nach und nach immer tiefer in die Freimaurerei eindringt und dabei mit jeder Stufe immer größere Zugeständnisse an die macht, bei denen die Gottheit von Jesus Christus geleugnet wird. Diese Zugeständnisse werden durch Eide und Rituale in Gegenwart anderer Freimaurer bekräftigt und schaffen eine ungeheuer starke Bindung in der Anerkennung anderer Götter. Dabei treten viele Männer den

Freimaurern oder anderen Geheimbünden ohne böse Absicht bei, einfach nur, weil sie auf der Suche nach Annahme und Gemeinschaft sind.

Um zu einer „Familie" zu gehören, sind viele Menschen sogar bereit, an rituellen Handlungen teilzunehmen. Interessanterweise sind gerade die Rituale der Freimaurer dazu angelegt, ihre Teilnehmer im Angesicht der machtvollen Bruderschaft zu demütigen (besser gesagt: zu erniedrigen) und einzuschüchtern. Diese Rituale stehen für eine machtvolle Kontrolle über das Leben des Einzelnen, bei der Gott außen vor bleibt, und binden nachhaltig an die anderen Mitglieder und auch an die, die auf der menschlichen und auf der geistlichen Ebene die Freimaurerei beherrschen.

Werfen wir einmal kurz einen Blick darauf, wie man einer Freimaurerloge beitritt. Das dafür notwendige Ritual ist ein anschauliches Beispiel, wie Männer durch nicht von Gott gesegnete Bündnisse umgarnt und in geistige Gebundenheit hineingezogen werden. Der Kandidat muss seine Kleider ablegen und stattdessen etwas anziehen, das wie ein Pyjama aussieht. Sein linkes Bein vom Knie abwärts, sein linker Arm vom Ellbogen abwärts und die linke Seite der Brust bleiben dabei unbedeckt. Dann werden dem Kandidaten die Augen verbunden, eine Schlinge um seinen Hals gelegt und die Spitzen eines Zirkels gegen seine Brust gedrückt. Dieses Ritual wird „der Schock des Eintritts" genannt. Unter dem Eindruck dieses erniedrigenden und unheimlichen Rituals wird der Kandidat aufgefordert, bestimmte Schwüre abzulegen und sich bei Strafe des Todes und im Angesicht einer unbekannten Gottheit zu verpflichten, diese nicht zu brechen. Nun mag der Betreffende für sich selbst glauben, dass das alles nicht so ernst zu nehmen ist, aber solche Schwüre, Rituale und Akte der Unterwerfung sind nun einmal Handlungen, die uns in besonderer Weise an andere binden. Diese Bindungen, bei denen Gott bewusst ausgeschlossen wird, stehen den Absichten Gottes geradewegs entgegen.

Außer durch Sex und rituelle Handlungen können wir auch durch andere gemeinsame Handlungen, die Gott nicht gefallen, an Menschen gebunden werden. Drogensüchtige nehmen ihre Drogen sehr oft in Gemeinschaft mit anderen und teilen dabei sogar ihre Spritzen und anderes Zubehör. Die Gruppe wird zu ihrer „Familie", während sie ihre Körper gemeinsam dem Einfluss der Rausch erzeugenden chemischen Substanzen aussetzen. Wenn wir für Abhängige beten, die in Christus frei werden wollen, dann ist es für gewöhnlich notwendig, dass diese sich nicht nur von den Drogen lösen, sondern auch von den Menschen, mit denen sie diesen Lebensstil geteilt hatten. Jesus ermutigt uns, die Erfüllung unseres Wunsches nach Zugehörigkeit nur in der Familie seines Vaters zu suchen:

„Denn wer den Willen meines Vaters tut, der in den Himmeln ist, der ist mein Bruder und meine Schwester und meine Mutter."

(Matthäus 12,50)

Kinder schließen manchmal „Blutsbruderschaft", in dem sie mit einem kleinen Schnitt oder einem Nadelstich an ihrem Finger etwas Blut hervorquellen lassen und es mit dem Blut des Anderen vermischen. So harmlos das aussehen mag, so erinnert es doch der Form nach an manche okkulte Rituale. In satanischen Zirkeln werden der Austausch von Blut und sexueller Verkehr benutzt, um die Bindung der Mitglieder aneinander zu stärken. Gott hat in der Schrift deutlich gemacht, dass es eine besondere Verbindung zwischen dem geistlichen Leben und dem Blut gibt. In 3. Mose 17,11 lesen wir zum Beispiel:

„Denn die Seele (oder das Leben) des Fleisches ist im Blut, und ich selbst habe es auch auf den Altar gegeben, Sühnung für eure Seelen zu erwirken. Denn das Blut ist es, das Sühnung tut durch die Seele (oder das Leben) in ihm."

Wenn wir unser Blut mit dem eines anderen Menschen vermischen, dann bedeutet das, besonders, wenn es im Rahmen eines

Rituals geschieht, dass wir unser geistliches Leben mit diesem Menschen in einer Weise teilen, die Gott nicht gewollt hat. Wenn solche okkulten Praktiken bewusst vorgenommen werden, binden sie die Teilnehmer außerordentlich stark aneinander. Aber selbst wenn man dabei völlig arglos ist, kann der Feind solche Handlungen manchmal benutzen, um zu unserem Schaden Einfluss auf die Beziehung zu nehmen. Ich würde es für klug halten, Gottes Reinigung für jeden Austausch von Blut und jede Organtransplantation, die in unserem Leben bereits statt gefunden hat, in Anspruch zu nehmen. Wir wissen meistens nichts über die geistliche Reinheit derjenigen, die außer uns daran beteiligt waren, auch dann nicht, wenn der Austausch, wie beim Blutspenden oder einer Organspende, für einen guten Zweck geschah.

Auch bei der Verwendung von Spritzen beim Drogenkonsum, beim Tätowieren und beim Piercing kann es zum Austausch von Blut oder zumindest zu Blutverlust kommen. Durch alle diese Handlungen können daher schädliche Bindungen in der unsichtbaren Welt entstehen. Der Feind scheint es darauf abgesehen zu haben, unter jungen Menschen sein eigenes Netzwerk der Finsternis zu bilden, wenn sie sich auf diese Dinge einlassen, ohne auch nur im Geringsten die Konsequenzen absehen zu können. Wenn jemand aus dieser Subkultur ausbrechen will, kann es daher erforderlich sein, zuvor außerordentlich starke Bindungen an andere Menschen wieder aufzulösen.

Negative Bindungen durch Heilung aus falschen Quellen

Es gibt heute einen unüberschaubaren Markt für alternative und ganzheitliche Heilungsmethoden. Und Menschen, die sich verzweifelt nach Heilung sehnen, werden unter Umständen nach jedem Strohhalm greifen und alles ausprobieren, was irgendwie Heilung versprechen könnte. Wir werden uns in einem weiteren Buch dieser Reihe noch im Detail mit den okkulten und dämonischen Hintergründen mancher dieser Heilungsmethoden auseinandersetzen. An dieser Stelle müssen wir uns auf einen kurzen Blick auf die Menschen, die diese Heilungsmethoden anbieten, beschränken. Oft handelt es sich dabei um Menschen, die in bester Absicht handeln, die aber trotzdem, womöglich ohne ihr Wissen, auf geistige Mächte zurückgreifen, die nichts mit Gott zu tun haben.

Wenn wir unseren Körper in die Hand eines anderen Menschen geben – und das gilt auch für jede normale medizinische Behandlung – unterstellen wir uns damit der geistigen Autorität, die im Leben des jeweiligen Arztes oder Heilpraktikers herrscht. Wie freundlich und wohlmeinend diese medizinischen Autoritäten auch wirken mögen, es kann nicht verkehrt sein, sie vor jeder Behandlung zu segnen und Gott um seinen Schutz und seine Bewahrung zu bitten, wann immer wir uns in Situationen begeben, in denen wir, wie bei einer medizinischen Behandlung, außergewöhnlich verwundbar und abhängig sind. Wenn wir jedoch bewusst Heilung bei Menschen suchen, die auf die Hilfe ungöttlicher geistiger Mächte zurückgreifen, dann werden wir mit großer Wahrscheinlichkeit in eine Beziehung geraten, die unter der Herrschaft von übernatürlichen Mächten der Finsternis steht.

Geben wir uns zum Beispiel in die Hände eines Hypnotiseurs, dann lassen wir damit zu, dass andere Mächte als Gott Gewalt über unsere Seele gewinnen und müssen womöglich nachher feststellen, dass wir sowohl an die Behandlungsmethode als auch an den Behandelnden in irgendeiner Weise gebunden sind. Gott hat nie gewollt, dass eine andere Person derartige Macht über unseren Verstand und unseren Willen haben soll.

Ich erinnere mich an einen Vorfall, der schon eine Weile zurückliegt: Sheila hatte zur Behandlung ihres Alkoholismus Hilfe bei einem Hypnotiseur gesucht. Und tatsächlich erfuhr sie auch eine gewisse Befreiung von ihrem Alkoholproblem, allerdings nur, um nach einigen Monaten festzustellen, dass sie ihr Essverhalten nicht mehr im Griff hatte. Erst als Sheila Jesus um Befreiung vom dem nicht von Gott gewollten Einfluss dieses Hypnotiseurs bat, wurde sie wirklich von ihren verschiedenen Formen der Sucht geheilt.

Heilpraktiker, die Homöopathie, Reflexzonenmassage, Akupunktur und zahllose andere sogenannte alternative Heilmethoden anwenden, greifen damit in Wirklichkeit auf die Hilfe geistiger Mächte zurück, die zum Bereich des Okkultismus und der falschen Religionen gehören. Damit will ich überhaupt nicht sagen, dass diese Menschen böse Absichten haben, aber nur zu oft sind sie selbst in die Irre geführt. Christen sollen dem wahren Heiler für ihre Heilung vertrauen, was sowohl eine angemessene medizinische Behandlung als auch Gebet mit einschließt. Wenn die Quelle der Heilungskraft nicht von Gott ist, dürfen wir unser Vertrauen nicht auf irgendwelche geistigen Techniken oder diejenigen, die sie anwenden, richten. Dabei können starke seelische Bindungen entstehen, die uns davon abhalten, das Beste, was Gott für unser Leben hat, zu empfangen.

Negative Bindungen lösen sich nicht zwangsläufig mit dem Tod einer anderen Person auf

Die negativen Bindungen, die wir hier untersuchen, existieren in geistlicher Finsternis. Wenn wir uns vor Augen halten, dass der menschliche Geist nicht aufhört zu sein, wenn ein Mensch stirbt, dann verstehen wir vielleicht, wie weitreichend diese Bindungen sein können. Das kann soweit gehen, dass wir sogar an jemanden gebunden bleiben, der selbst bereits gestorben ist. Jesus macht sehr deutlich, dass mit dem körperlichen Tod das Leben eines Menschen nicht zu Ende ist.

Im Gleichnis vom reichen Mann und Lazarus beschreibt er zum Beispiel, dass Lazarus, als er starb *„von den Engeln in Abrahams Schoß getragen wurde. Es starb aber auch der Reiche und wurde begraben. Und als er im Hades seine Augen aufschlug...“* (Lukas 16,22-23). Diesen Zusammenhang zu verstehen, das kann heilsam für Menschen sein, die es als außergewöhnlich starke Belastung erleben, wenn ein Mensch, mit dem sie eine sehr intensive Beziehung verbunden hat, stirbt. Ganz besonders wichtig wird es aber dort, wo die Beziehung nicht unter dem Segen Gottes stand. Manchmal berichten Menschen, dass noch Jahre nach dem Tod einer bestimmten Person der Gedanke an diese Person einen unheilvollen Einfluss auf sie hat.

Als Jesus starb, legte er seinen Geist in die Hände seines Vaters:

„Vater, in deine Hände übergebe ich meinen Geist!"

(Lukas 23,46)

Wir müssen uns darüber im Klaren sein, dass der Tod nur der Zeitpunkt ist, wo wir von unserem Körper getrennt werden. Unser Geist lebt weiter und die Mächte der Finsternis suchen nach jeder Möglichkeit, uns auch noch über den Zeitpunkt unseres Todes hinaus gebunden zu halten.

Wenn es einem Angehörigen nach einem Todesfall außerordentlich schwer fällt, nach einer angemessenen Zeit der Trauer wieder zum Frieden vor Gott zu finden, dann kann es für diesen Menschen eine Hilfe zur Heilung sein, den Geist des Verstorbenen bewusst in die Hände Gottes zu entlassen bzw. ihn Gott anzubefehlen. Früher war dies bei christlichen Beerdigungen ohnehin üblich, aber heute ist das leider oft nicht mehr der Fall. Stattdessen werden oft sogar Gedichte oder Texte, die Gott mehr oder weniger bewusst ausklammern und die den Eindruck vermitteln, als wollte man bewusst noch eine Verbindung mit dem Verstorbenen aufrecht erhalten, verlesen. Eine solche Verbindung aber will Gott unter keinen Umständen.

Dieses „Gott anbefehlen" kann auch sehr hilfreich sein, wenn wir mit jemandem beten, der womöglich an einem Unfall beteiligt war, bei dem Menschen zu Tode gekommen sind. Oft lassen das Trauma und die Verwirrung nach einem tödlichen Unfall die Überlebenden geistlich besonders angreifbar sein, so dass es wichtig sein kann, die menschlichen Geister derjenigen, die bei dem Unfall gestorben sind, im Gebet Gott anzubefehlen.

In ähnlicher Weise kann es für eine Frau und ihren Ehemann auch sehr befreiend sein, den Geist eines abgetriebenen oder tot geborenen Kindes bewusst in die Hände Gottes zu legen. Wenn ein Leben durch Abtreibung gewaltsam beendet wurde – wie auch in allen anderen Fällen, wo Sünde bei der Todesursache eine Rolle spielte – muss natürlich zunächst ein Sündenbekenntnis, Umkehr und der Empfang von Gottes Vergebung erfolgen.

Jede Handlung, jedes Ritual bei einer Beerdigung oder danach, das darauf gerichtet ist, irgendeine geistige Verbindung mit dem Toten aufrecht zu erhalten, ist Sünde, und Gott hat ausdrücklich angeordnet, dass es derartige Kommunikation mit den Verstorbenen unter allen Umständen unterbleiben soll:

> *„Es soll unter dir niemand gefunden werden... der die Toten befragt."*
>
> (5. Mose 18,10-11)

Warum sollte Gott etwas verbieten, was sowieso unmöglich ist? Also sollten wir auch nicht davon ausgehen, dass es grundsätzlich unmöglich wäre, Kontakt mit den Toten aufzunehmen. Die Spiritualist Church beispielsweise versucht den Menschen genau dadurch Trost zu geben, dass sie bei ihren „Gottesdiensten" Kontakt mit den Toten herstellt. Das ist in den Augen Gottes natürlich nicht in Ordnung und hält die Teilnehmer an solchen Sitzungen auf das Engste an den Verstorbenen und das Medium, das den Kontakt mit den Toten herstellt, gebunden. Die Schrift sagt uns eindeutig:

> *„Ihr sollt euch nicht zu den Totengeistern und zu den Wahrsagern wenden; ihr sollt sie nicht aufsuchen, euch an ihnen unrein zu machen."*
>
> (3. Mose 19,31)

Menschen aus Kulturen, die noch Ahnenverehrung betreiben sind, hier besonders gefährdet, denn Gott hat solche Praktiken ausdrücklich untersagt.

Wenn im Leben eine ungöttliche Seelenbindung zu einer Person bestanden hat, dann ist es möglich, dass die Wirkung dieser Bindung über den Tod hinaus fortbesteht. Der Pfad geistlicher Finsternis, der durch die negative Beziehung während des Lebens angelegt worden ist, kann auch nach dem Tod einer Person noch von den geistigen Mächten der Finsternis benutzt werden, um demjenigen, der noch lebt, dadurch zu schaden. Ich kann mich noch gut daran erinnern, als wir mit Betty beteten, die von ihrem Großvater sexuell missbraucht worden war. Sie erzählte uns, dass sie seltsamerweise genau wusste, als ihr Großvater starb, obwohl sie zu diesem Zeitpunkt überhaupt nicht in dessen Nähe war. Seine „Gegenwart" in ihrem Leben hatte fortbestanden und Angst und ein Gefühl der Unreinheit bei ihr hervorgerufen. Doch nachdem durch Gebet und Befreiungsdienst das Band zu ihrem Großvater auch in der unsichtbaren Welt durchtrennt wurde, erlebte sie eine bis dahin nicht gekannte innere Freiheit.

Positive Bindungen mit negativen Strängen

Wenn wir über negative Bindungen sprechen, dann sollten wir beachten, dass sehr viele Beziehungen aus einer Kombination von positiven und negativen Aspekten bestehen. Ein Vater kann seinen Kindern zum Beispiel sehr wohl Schutz und Pflege in einer gottgefälligen Weise angedeihen lassen, und andererseits durch seine Zornausbrüche seine Kinder immer wieder in Angst versetzen. In solchen Fällen kann die seelische Verbindung zwischen den Kindern und dem Vater wie ein Seil mit mehreren Strängen sein. Während es da einige gute Stränge gibt, durch die die Kinder in gottgemäßer Weise geführt und geschützt wurden, kann es gleichzeitig negative Stränge geben, die dazu führen, dass die Kinder im täglichen Leben ängstlich und scheu werden.

Die allermeisten Beziehungen umfassen sowohl positive als auch negative Aspekte, obwohl es natürlich auch Beziehungen gibt – denken wir beispielsweise an die Vergewaltigung durch einen

Fremden – bei denen überhaupt keine positiven Aspekte vorhanden sind. Sind gewisse Stränge einer Beziehung für uns ein Segen gewesen, dann sollten wir Gott dafür danken. Wo aber andere Stränge für uns zu einer Last geworden sind und uns gebunden halten, da möchte Gott uns ganz neu frei und heil machen.

Wie erkennt man negative Bindungen?

Hier sind einige Aussagen von Menschen, für die wir um Befreiung gebetet haben, die zeigen, dass zumindest gewisse Stränge einer Beziehung als ungöttliche Seelenbindung ihr Wohlbefinden beeinträchtigt hatten:

„Wenn ich an diese Person denke, dann kommt Furcht in mir auf. Würde ich diesem Menschen jetzt begegnen, würde mich das sehr verunsichern."

„Ich versuche ständig, diese Person aus meinem Denken und meiner Erinnerung zu verbannen, aber ganz unerwartet muss ich dann doch wieder an sie denken."

„Wenn ich an diese Person denke oder wenn ich mit diesen Leuten zusammen bin, dann fühle ich mich verwirrt und unsicher und bin nicht in der Lage, meine eigenen Entscheidungen zu treffen."

„Manchmal kann ich die Worte dieser Person geradezu ‚hören' und fühle deutlich ihre Gegenwart."

„Immer wieder steigen sexuelle Vorstellungen in Bezug auf diese Person in mir auf."

„Da scheint eine Seelenverwandtschaft zwischen mir und diesen Leuten zu bestehen, die uns immer wieder zueinander hinzieht, obwohl es nicht gut ist."

Zusammenfassung

Wir haben uns nun verschiedene Arten von Beziehungen angesehen, in denen wir uns bewusst oder unbewusst unter die Herrschaft anderer Menschen gebeugt haben und dadurch von dieser anderen Person geistlich negativ beeinflusst worden sind. Diese Wirkung kann auch viele Jahre nach dem Ende der Beziehung noch anhalten, manchmal sogar über den Tod der betreffenden Person hinaus.

Wie tief die Beziehung geht und wie stark die ungöttliche Bindung ist, hängt davon ab, wie sehr wir uns in der Beziehung dem anderen geöffnet und ausgeliefert haben bzw. wie stark der auf uns ausgeübte kontrollierende und dominierende Einfluss war. Bestimmte Handlungen können die Wirkung dieses kontrollierenden Einflusses noch verstärken. So führen zum Beispiel gemeinsame Rituale zu einer starken, nicht von Gott gesegneten Bindung an andere. Auch sexuelle Aktivitäten außerhalb der von Gott gegebenen Ordnung sind eine nicht von Gott gewollte Hingabe unserer tiefsten Persönlichkeit an einen anderen Menschen. Schließlich kann, aufgrund seiner geistlichen Dimension, auch der Austausch von Blut schwerwiegende Folgen haben, ganz besonders dann, wenn dies im Zusammenhang mit okkulten Praktiken geschieht.

Wir wollen nun sehen, welche schädlichen Folgen eine ungöttliche Seelenbindung für uns haben kann.

Kapitel 6

||||||||||||||||||||||||||||||||||||||||||||||||||||||||||||||||||||||||||||||||||||||||||||||||||||||||||||||||||||||||||||||

Wie negative Bindungen uns schaden können

Unsere Gestalt verlieren

Wie das, was unser Leben bestimmt, uns schaden kann

Welche Auswirkungen hat eine ungöttliche Seelenbindung auf uns?

Wir haben schon gesehen, dass es in der Welt ein wichtiges Prinzip gibt, das man so formulieren kann: wir werden dem, was geistlich unser Leben bestimmt, immer ähnlicher. Wie bei allen geistlichen Prinzipien gilt auch hier, dass dies für uns entweder gut oder schlecht sein kann.

Und das wiederum hängt davon ab, ob wir Gottes Anweisungen folgen oder nicht.

Der Psalmist beschreibt dieses Prinzip, wonach wir durch die Anbetung falscher Götter zu unserem Nachteil verändert werden:

> *„Ihnen gleich (den Götzen) sollen die werden, die sie machten, ein jeder, der auf sie vertraut."*
>
> (Psalm 115,8)

Hier kommt die geistliche Wahrheit zum Ausdruck, dass alles, wofür wir uns öffnen, geistliche Autorität über uns bekommt und wir mehr und mehr den Charakter dessen annehmen, was wir anbeten.

Wie wir bereits gesehen haben, ist natürlich die positive Seite dieses Prinzips genau das, was Gott für uns vorgesehen hat. Durch unsere Hingabe an Jesus werden wir ihm zwangsläufig immer ähnlicher werden. Gott möchte, dass wir ganz tief mit Jesus verbunden sind, damit wir das, was er für uns erworben hat, in vollem Umfang empfangen können (vgl. 1. Korinther 6,17: *„Wer aber dem Herrn anhängt, ist ein Geist mit ihm."*). Paulus sagt, dass wir in dem Maße, wie wir uns Jesus und seiner Herrschaft über jeden Bereich unseres Lebens anvertrauen, seinem Charakter und Leben immer ähnlicher werden wird:

> *„Denn die er vorher erkannt hat, die hat er auch vorherbestimmt, dem Bilde seines Sohnes gleichförmig zu sein, damit er der Erstgeborene sei unter vielen Brüdern."*
>
> (Römer 8,29)

Doch versucht der Feind leider alles, was Gott zu unserem Guten eingerichtet hat, zu verdrehen und zu missbrauchen, sofern ein Mensch ihm die Möglichkeit dazu gibt, indem er Gottes Anweisungen nicht gehorcht. So auch im Fall von Elymas, der bewusst gegen Paulus und Barnabas arbeitete, als diese sich bemühten, das Evangelium zu verkünden. Darum konfrontiert Paulus den Elymas, während er ihn fest anblickt, mit folgenden Worten:

> *„O du, voll aller List und aller Bosheit, Sohn des Teufels, Feind aller Gerechtigkeit! Willst du nicht aufhören, die geraden Wege des Herrn zu verkehren?"*
>
> (Apostelgeschichte 13,10)

Satan, der Herrscher dieser Welt (vgl. dazu Johannes 12,31), möchte, dass unser Leben – und damit auch unsere Beziehungen – unter seine Herrschaft kommen, damit wir seinem Charakter ähnlicher werden und von unserer Beziehung zu Christus fortgezogen werden. Satan strebt danach, uns dem Bild dieser Welt, welches letztendlich seinem Charakter entspricht, anzupassen. Darum ist es unsere Aufgabe, diesem Druck ernsthaft und beständig zu widerstehen. „*Und seid nicht gleichförmig dieser Welt...*", fordert Paulus uns auf (Römer 12,2).

Wir hatten weiter oben schon erwähnt, dass zu jeder Beziehung eines gewisses Maß an Hingabe gehört, und in einer Ehe nach Gottes Vorstellungen ist Raum für eine sehr tiefe Hingabe eines Mannes und einer Frau aneinander. Interessanterweise gehören folgende Worte des Ehemannes an seine Frau zur ursprünglichen anglikanischen Hochzeitsliturgie: „...mit meinem Leib werde ich dich verehren.". Eine von Gott gesegnete Beziehung gibt Sicherheit und schafft damit Raum reichen Segens und gegenseitige Unterordnung, die von beiden Partnern als Bereicherung empfunden wird.

Es mag dem einen oder anderen ein bisschen sehr dick aufgetragen vorkommen, wenn wir sagen, dass wir einen anderen Menschen verehren. Aber diese Liturgie will zum Ausdruck bringen, wie tief gegenseitige Hingabe in der Ehe sein sollte. In anderer Form ist diese Hingabe etwas, das Gott sich für alle unsere Beziehungen als Christen untereinander wünscht. Wir sind aufgefordert, uns „*einander unterzuordnen in der Furcht Christi*" (Epheser 5,21). Im weiteren Verlauf des Textes steht dann für das konkrete Beispiel der Ehebeziehung, wie die Hingabe der Ehefrau an den Ehemann aussehen soll und in welcher Weise er sich ihr hingeben soll. Im Verlauf einer Ehe unter dem Segen Gottes wird dies dazu führen, dass die Ehepartner immer mehr zusammenwachsen und Christus näher kommen, ohne dabei ihre jeweils einzigartige Identität und ihre besondere Begabung aufzugeben.

Haben wir uns jedoch, bewusst oder unbewusst, auf eine Beziehung eingelassen, die Gott nicht segnen kann, kommen wir damit unter eine geistige Herrschaft, die Gott nie für uns vorgesehen hatte. Etwas von dem Charakter des Feindes kann durch die Sündhaftigkeit der Beziehung und die Sündhaftigkeit der anderen Person auf uns kommen und schweren Schaden anrichten. Man könnte sagen, dass wir die Gestalt, die Gott für uns gewollt hat, verlieren und durch die negative Bindung an diese andere Person mehr und mehr in die Gestalt und das Bild dieser gottlosen Welt verwandelt werden. Jemand, der eine dominierende Rolle in unserem Leben gespielt hat, kann unser Denken und Handeln sehr weitreichend beeinflussen, selbst wenn er oder sie gar nicht in unserer Nähe ist. Unbewusst erfolgen womöglich unsere Entscheidungen dann mehr aus Furcht vor der Meinung dieser anderen Person, als aus dem aufrichtigen Verlangen, Jesus nachzufolgen.

Die Gestalt verlieren

Eine Marionette nimmt immer die Gestalt an, die der Marionettenspieler durch seine Fäden vorgibt, und die Verbindung, die das ermöglicht, ist deutlich sichtbar. Geistige Bindungen mögen nicht immer gleich so offensichtlich sein, aber sie können uns, wie bei einer Marionette, unfähig machen, eigenständige Entscheidungen zu treffen und deshalb die Entwicklung unserer Persönlichkeit beeinträchtigen. Nicht von Gott gewollte Seelenbindungen können wie Schnüre sein, die uns mit dem sündhaften Charakter desjenigen verbinden, zu dem wir eine negative Beziehung hatten. In Sprüche 5,22 heißt es:

> *„Seine eigenen Sünden fangen ihn, den Gottlosen und in den Stricken seiner Sünde wird er festgehalten."*

In unseren Ellel-Zentren haben wir schon zahllosen Christen gedient, die in irgendeiner Weise in ihrer Kindheit unter dem dominierenden Einfluss eines Erwachsenen gelitten haben. Diese Art von Dominanz ist eine Art geistiger Gewaltanwendung und kann für die emotionelle und sogar körperliche Entwicklung des Kindes äußerst schädlich sein. Wenn wir diesen Menschen dabei helfen, frei zu werden, kommt es nicht selten vor, dass sie deutlich spüren, wie der sündhafte Charakter dieses dominanten Erwachsenen sich ihnen immer noch aufdrängt. Das Zerreißen der Seelenbindungen kann diesen geistigen Druck auf wunderbare Weise wegnehmen.

Wenn seelische Bindungen aufgrund von Missbrauch sehr tief gingen, kann diese Gebundenheit geradezu zerstörend auf das geistige, emotionelle und körperliche Wohlbefinden eines Menschen wirken. Wenn eine Mutter das Leben ihrer Tochter sehr stark kontrolliert, um durch unangemessene Forderungen an das Kind womöglich ihrem eigenen Mangel zu begegnen, dann kann das für die Tochter verheerende Auswirkungen haben.

Wenn das Kind heranwächst und zur Frau wird, die ihre eigene Persönlichkeit entwickeln soll, dann ist sie möglicherweise nicht in der Lage, sich von der Persönlichkeit und dem Fehlverhalten der Mutter zu lösen. Ihre Fähigkeit, zu einem reifen Erwachsenen zu werden, kann bis in die körperlichen Aspekte hinein beeinträchtigt sein und auch mit dem Tod der Mutter wird dieser kontrollierende Einfluss nicht zwangsläufig zu Ende sein. Unter Umständen zeigen sich im Laufe der Zeit bei der Tochter sogar einige der körperlichen Gebrechen, unter denen die Mutter gelitten hatte. Der Feind ist durchaus in der Lage, die geistliche Finsternis einer ungöttlichen Seelenbindung zu benutzen, um im Zeitpunkt des Todes sogar Krankheiten weiterzugeben.

Wir sollten schließlich noch erwähnen, dass manche Menschen sogar ganz bewusst ungöttliche Seelenbindungen eingehen, weil sie durch diese Bindungen Macht über andere bekommen. Im Satanismus und der Hexerei werden solche ungöttlichen Seelenbindungen bewusst erzeugt, um die Leben derer, die geistig kontrolliert werden sollen, zu beeinflussen. Bei praktizierenden Okkultisten binden die Gruppenmitglieder ihre Seelen absichtlich durch ungöttliche, oft sexuell geprägte Rituale aneinander – um so eine tiefere geistige Verbundenheit innerhalb der Gruppe zu erfahren, die Voraussetzung für übersinnliche Kommunikation und Kontrolle sind.

Ungöttliche Seelenbindungen entstellen unser Leben und üben einen Zug auf uns aus, der uns, durch die Frevelhaftigkeit der Verbindung und der bindenden Person, in den Einflussbereich des Feindes bringt. „Frevel" ist ein etwas veraltetes Wort, das eine Haltung oder einen Zustand beschreibt, der außerhalb der Wahrheit und außerhalb einer gesunden Beziehung zu Gott ist. Wir haben bereits gesehen, dass König Salomo in negativer Weise seelisch an seine ausländischen Frauen gebunden war, wodurch er mehr und mehr in den zerstörerischen Frevel ihrer gottfeindlichen religiösen Überzeugungen mit hineingezogen wurde. Ungöttliche Seelenbindungen nehmen unserem Herzen den Zustand, den Gott zu unserem Segen bestimmt hat.

Segensreiche und schädliche Wirkungen in Beziehungen

Gott hat der Menschheit durch sein Wort gesagt, wie seine geistlichen Gesetze funktionieren, damit wir erkennen, wie er sein Universum aufgebaut ist. Die Gebote hat er uns gegeben, damit wir einvernehmlich innerhalb seines Bundes leben können, das schenkt uns Schutz und wir können uns an den Segnungen seiner Schöpfung erfreuen. Überschreiten wir die Grenzen, die er unserem Leben gesetzt hat, berauben wir uns damit auch seines Schutzes, und wir finden uns unter dem zerstörerischen Einfluss des Reiches der Finsternis wieder, das Gott für die bereitet hat, die ihm nicht gehorchen. Epheser 5,6 warnt uns:

> *„Niemand verführe euch mit leeren Worten! Denn dieser Dinge wegen kommt der Zorn Gottes über die Söhne des Ungehorsams."*

In 5. Mose, Kapitel 27 lesen wir eine lange Aufzählung von Dingen, die Gott unter einen Fluch stellt, und die meisten dieser Flüche betreffen Beziehungen, die außerhalb der von Gott gesetzten Grenzen existieren. Es liegt auf der Hand, dass diejenigen, die von sexueller Sünde und Gewalt geprägte Beziehungen eingehen, unter den Einfluss geistiger Finsternis geraten und damit unter das, was die Bibel Fluch nennt. In 5. Mose, Kapitel 28 lesen wir weiter, dass solche Flüche wie ein zerstörerisches Joch im Leben derer, die Gott nicht gehorchen, sind:

> *„...wirst du deinen Feinden, die der Herr gegen dich senden wird, dienen in Hunger und Durst, in Blöße und in Mangel an allem. Und er wird ein eisernes Joch auf deinen Hals legen, bis er dich vernichtet hat."*

(Vers 48)

Gottes Gesetz ist unveränderlich: nicht von Gott gewollte Beziehungen enden in einer zerstörerischen Bindung an das Reich der Finsternis. Wir wollen Gott dafür preisen, dass diejenigen von dieser Gebundenheit wieder frei werden können, die den Anweisungen von Jesus folgen, denn er hat den Fluch an unserer Stelle getragen.

Schaden durch unreine Geister

Wir haben uns in Kapitel 3 verschiedene Ausdrucksformen einer ungöttlichen Seelenbindung angesehen. Eines der Bilder, die wir dort verwendet haben, war das eines dunklen Tunnels zwischen zwei Häuser, der es Ratten ermöglichte, heimlich einzudringen und Schaden zu verursachen. Wir müssen uns nun noch etwas genauer ansehen, was die Ratten in diesem Bild bedeuten.

Gott hat alles geschaffen und ist über allem, doch wo das geistliche Reich der Finsternis ist, gehört die geistliche Autorität Satan. Er herrscht in dieser Welt durch den Ungehorsam von Menschen, die es vorziehen, seinem Rat zu folgen, statt die Anweisungen zu beachten, die Gott uns gegeben hat. Genau so, wie es schon bei Adam und Eva im Garten Eden war:

> *„Aber von den Früchten des Baumes, der in der Mitte des Gartens steht, hat Gott gesagt: Ihr sollt nicht davon essen und*

sollt sie nicht berühren, damit ihr nicht sterbt! Da sagte die
Schlange zur Frau: Keineswegs werdet ihr sterben!"

(1. Mose 3,3-4)

Der Herrscher dieser Welt, wie Jesus den Satan nennt (vgl. Johannes
14,30), ist jedoch beileibe nicht das einzige geistige Wesen, das in
diesem Reich existiert. Er herrscht dort über ein Heer gefallener
geistiger Wesen, von denen Jesus einige als Dämonen oder unreine
Geister bezeichnet. So zum Beispiel in Matthäus 12,28:

„Wenn ich aber durch den Geist Gottes die Dämonen austrei-
be, so ist also das Reich Gottes zu euch gekommen."

Ungöttliche Seelenbindungen sind Beziehungen in geistlicher
Finsternis. Sie bieten ein günstiges Umfeld für das Wirken von
Mächten der Finsternis, wie Dämonen und unreine Geister.

Eine von Missbrauch und Dominanz geprägte Beziehung, beispielsweise zwischen einem Vater und seiner Tochter, folgt den
sündhaften Wegen dieser Welt und entspricht dem Charakter des
Herrschers dieser Welt. Die Finsternis in dieser Beziehung schafft
den Nährboden, auf dem ein unreiner Geist wirken und damit
den ungöttlichen Einfluss aufrechterhalten und noch verstärken
kann. Es ist dann nicht mehr allein die Dominanz des Vaters, von
der der geistige Einfluss ausgeht, sondern hier kann sehr wohl ein
Dämon durch die ungöttliche Bindung wirksam werden. Der
kontrollierende Einfluss bekommt damit eine übernatürliche
Komponente und wirkt umso stärker über die Grenzen von Raum
und Zeit hinweg.

Wir können uns das veranschaulichen, wenn wir uns die ungöttliche Bindung als den verborgenen „Tunnel" in Richtung geistiger Finsternis vorstellen, der durch die negativen Aspekte der
Beziehung aufrechterhalten wird. Wo Sünde ist, da ist auch geistliche Finsternis und der Feind hat ein Recht, seine Herrschaft auszuüben. Das ist sein Ziel, seitdem er gegen Gott rebelliert hat. Im
Garten Eden ergab sich für ihn dann eine Gelegenheit, die

Autorität in dieser Welt, die Gott ursprünglich dem Menschen gegeben hatte, an sich zu reißen.

Paulus ermahnt die Christen in Ephesus, dem Satan solch eine Gelegenheit in Zukunft nicht mehr zu geben:

> *„Zürnet, und sündigt dabei nicht! Die Sonne gehe nicht unter über eurem Zorn, und gebt dem Teufel keinen Raum!"*
>
> (Epheser 4,26-27)

Sündhafte Beziehungen aber geben dem Teufel das Recht, seine Autorität und Macht auszuspielen. Mit diesem Recht in Händen kann er seinen Einfluss durch das Wirken unreiner, im Dunkeln agierender Geister, ausweiten.

Sexuelle Beziehungen außerhalb des Bundes einer Ehe führen zwangsläufig auf geistiges Territorium, das dem Feind gehört. Abweichungen von dem Rahmen, den Gott für die sexuelle Vereinigung gesetzt hat, sind immer Beziehungen, aus denen ungöttliche Bindungen entstehen. Unreine Geister können diese Bindungen noch verstärken, um die Beteiligten, die aufgrund ihrer negativen Begierden verführt wurden, außerhalb von Gottes Schutz gefangen zu halten. In Römer 1,24 beschreibt Paulus die Folgen solcher negativen Beziehungen:

> *„Darum hat Gott sie dahingegeben in den Begierden ihrer Herzen in die Unreinheit, ihre Leiber untereinander zu schänden..."*
>
> (Römer 1,24)

Ein Dämon kann da wirken, wo ein Mensch den Geboten Gottes nicht gehorcht. Dabei repräsentiert er die Wesensart des Feindes in dieser gottlosen Welt und versucht, diese nach Kräften zu fördern. Genau von dieser geistigen Finsternis aber hat Jesus uns errettet:

> *„Auch euch hat er auferweckt, die ihr tot wart in euren Vergehungen und Sünden, in denen ihr einst wandeltet ge-*

mäß dem Zeitlauf dieser Welt, gemäß dem Fürsten der Macht
der Luft, des Geistes, der jetzt in den Söhnen des Ungehorsams
wirkt. "

(Epheser 2,1-2)

Wenn ein Christ, der in unrechtmäßige und negative Beziehungen verstrickt war, sich entscheidet, diese Sünde ans Licht zu bringen, dann geschieht es nicht selten, dass diese Mächte der Finsternis offenbar werden und unreine Geister sich manifestieren. Doch sobald die Rechte des Feindes durch Bekenntnis und Umkehr erloschen sind, kann der unreine Geist hinausgeworfen werden. Diese Geister können das Licht nicht ertragen! Wir haben schon für viele Christen gebetet, die nach Jahren der Gebundenheit an vergangene Beziehungen auf wunderbare Weise frei wurden, indem eine ungöttliche Seelenbindung aufgelöst und die damit verbundenen unreinen Geister hinausgeworfen wurden.

Dämonen oder unreine Geister fördern genau jene Sünde, die der geistigen Finsternis, in der sie wohnen, die Tür geöffnet hat. Wenn die negative Beziehung in das Licht Christi gebracht und die ungöttliche Bindung zerrissen wird, offenbaren sich darum oft Geister der Kontrolle, der Begierde, der Angst, der Götzenverehrung oder der sexuellen Perversion.

Ein solcher „Tunnel" der Finsternis kann auch das Einfallstor für Geister der Krankheit und des Todes sein. So kann unter Umständen ein intensiver Befreiungsdienst notwendig sein, wenn zum Beispiel die Bindung an ein abgetriebenes Kind gelöst wird. Möglicherweise haben Geister des Todes im Zusammenhang mit der Abtreibung den Mutterleib verunreinigt. Darin kann auch die Ursache für Fehlgeburten liegen, sofern solch ein Verlust eines Kindes nicht offensichtlich die direkte Folge einer Sünde des Vaters oder der Mutter ist. In jedem Fall ist ein verfrühter Tod Teil des umfassenden Fluches, unter dem wir Menschen durch unsere Rebellion gegen Gott stehen wie uns 5. Mose 28,15.18 warnt:

„Es wird geschehen, wenn du der Stimme des Herrn, deines Gottes, nicht gehorchst... Verflucht wird sein die Frucht deines Leibes...“

Schaden für den Körper

Der Zustand unseres Körpers spiegelt oft den geistigen Zustand unserer Seele wider. Man spricht davon, dass man die Anspannung im Gesicht eines Menschen sehen kann. Doch ist dabei ja nicht das Gesicht angespannt, sondern die Seele des betreffenden Menschen. Wenn ich in meinem Herzen Frieden habe, dann wird auch mein Körper entspannter sein. Eine ungöttliche Seelenbindung aber führt dazu, dass ein Mensch innerlich entstellt wird. Diese Entstellung und der geistige Druck, der auf der Seele lastet, werden sich dann höchstwahrscheinlich irgendwann auch auf den Körper auswirken. Ein geistiges Joch der Finsternis lastet schwer auf dem ganzen Menschen und kann dazu führen, dass der Körper nicht mehr richtig funktioniert und als Folge der permanenten Anspannung Krankheiten entwickelt.

Jesus kam sehr oft zuerst auf die inneren Bedürfnisse eines Menschen zu sprechen, bevor er den meist offensichtlicheren körperlichen Beschwerden begegnete. Wir haben im ersten Kapitel bereits gesehen, wie Jesus die Frau mit dem verkrümmten Rücken „löste“. Dabei löste er zunächst die geistige Gebundenheit, die bereits achtzehn Jahre angedauert hatte, und erst danach heilte er auch ihren Körper:

„Als aber Jesus sie sah, rief er ihr zu und sprach zu ihr: Frau, du bist gelöst von deiner Schwäche! Und er legte ihr die Hände auf, und sofort wurde sie gerade...“
(Lukas 13,12-13)

An manchen Erkrankungen wirken Dämonen mit, die sich die Finsternis der ungöttlichen Seelenbindung zunutze machen. Sie befallen oft gerade jene Teile des Körpers, die den Aspekten der Beziehung, die außerhalb der Ordnung Gottes lagen, in besonderer Weise ausgesetzt waren. Beschwerden im Rücken und der Wirbelsäule scheinen zum Beispiel mit erdrückenden und kontrollierenden Beziehungen zusammenzuhängen, die wie eine Last auf dem Leben des betreffenden Menschen liegen. Bei pervertierten Formen der Sexualität kann es notwendig sein, nicht nur die seelische Bindung zu brechen, sondern auch um weitergehende Befreiung zu beten, bei der unreine Geister, die eine entsprechende Krankheit verursachten, aus Teilen des Körpers hinausgeworfen werden müssen. Ein konkretes Beispiel dafür wäre die Verunreinigung des Mundes oder des Verdauungssystems bei einer Person, die außerhalb von Gottes Ordnung eine sexuelle Beziehung eingegangen ist, bei der auch Oralsex praktiziert wurde.

Zusammenfassung

Ungöttliche Seelenbindungen ziehen uns in eine Richtung, die Gottes Willen für uns widerspricht.

Gott möchte, dass wir mit ihm und untereinander durch Bande der Liebe verbunden sind, die auf unsere gesamte Persönlichkeit befreiend und heilend wirken. Jede wirkliche Beziehung beinhaltet auch ein gewisses Maß an gegenseitiger Hingabe. In Menschen, deren Herr Jesus ist, lässt diese Hingabe das Bild und den Charakter von Jesus wachsen. Das gilt sowohl für ihre eigene Persönlichkeit, als auch für die Beziehungen, in denen sie leben.

In Beziehungen, die Gottes Geboten zuwiderlaufen, steht die wechselseitige Hingabe unter der Herrschaft des Reiches geistiger Finsternis. Das schadet unserem Leben, weil die negativen Bindungen an andere Menschen einen Zug auf uns ausüben. Wir kommen unter eine geistige Herrschaft, die das unheilstiftende und die Seele beschmutzende Bild dieser rebellischen Welt und den Charakter ihres Herrschers, Satan, in uns zur Entfaltung bringt.

Wir wollen nun noch etwas genauer in der Bibel forschen, wie sich dieses Prinzip ungöttlicher Seelenbindungen auswirken kann.

Kapitel 7

Ein tieferer Blick in Gottes Wort

Wie Seelenbindungen in der Bibel beschrieben werden

Der Gedanke der Seelenbindung in der Bibel

Auch wenn der Begriff „Dreieinigkeit" nicht ein einziges Mal verwendet wird, finden wir Hinweise auf die Dreieinigkeit Gottes – Vater, Sohn und Heiliger Geist – an vielen Stellen in der Bibel. Den Begriff „Seelenbindung" oder „seelische Bindung" finden wir ebenfalls nirgendwo in der Bibel, aber die Vorstellung, dass da ein unsichtbares Band zwischen Menschen existieren kann, das einen starken Einfluss auf deren Denken, Wollen und Fühlen (d. h. auf die Seele) hat, ergibt sich dennoch aus vielen Beschreibungen in der Bibel. Steigen wir also noch ein wenig tiefer in die Bibel ein, um zu sehen, wie dieses Prinzip in seinen positiven und negativen Aspekten dargestellt wird.

Betrachten wir zunächst einmal eine der ganz intensiven menschlichen Beziehungen im Alten Testament. In 1. Samuel 18,1 lesen wir, dass sich die *„Seele Jonathans mit der Seele Davids verband"* (Hervorhebung durch den Verfasser). Zwischen diesen beiden Männern gab es eine gefühlsmäßige Verbindung, die so tief war, dass die Bibel davon spricht, dass Jonathan David ebenso lieb hatte wie sich selbst. Das hebräische Wort „kaschar", das hier verwendet wird, bedeutet zunächst einfach nur „angebunden", und zwar durchaus auch im physischen Sinn. Dasselbe hebräische Wort wird aber an anderer Stelle auch für Verbindungen verwendet, die nicht rein physischer Natur sind. Dieses unsichtbare Band zwischen David und Jonathan scheint von Gott gewirkt gewesen zu sein, denn es bewegte beide dazu, einander vor Schaden zu bewahren und gemeinsam eine gerechte Versöhnung mit Saul suchen, auch wenn das letztendlich dann nicht möglich war.

Ein anderes Wort, das sprachlich mit „kaschar" verwandt ist, bezeichnet unter anderem eine Verschwörung. Wir erinnern uns, dass Absalom in eine Verschwörung gegen seinen Vater David verwickelt war. Er manipulierte die Menschen durch manche Gefälligkeiten, um Einfluss auf sie zu gewinnen. Der geistige Einfluss, den Absalom auf diese Menschen hatte, wurde schließlich so stark, dass sie ihm mehr aufgrund seiner suggestiven Ausstrahlung folgten, als dass sie wirklich mit Überzeugung hinter den Absichten Absaloms gestanden hätten:

> *„So wurde die* **Verschwörung** *stark, und das Volk bei Absalom wurde laufend zahlreicher. Und ein Bote kam zu David und sagte: Das Herz der Männer von Israel steht hinter Absalom."*

> (2. Samuel 15,12-13
> Hervorhebung durch den Verfasser)

„Verschwörung" bedeutet eine geheime Absprache (also „im Herzen") zwischen zwei oder mehr Personen zur Erreichung unrechtmäßiger Ziele. Und interessanterweise ist die Verschwörung zur Durchführung einer Straftat in vielen Rechtssystemen auch dann schon strafbar, wenn die Straftat selbst gar nicht durchgeführt wird.

Das Wort „kaschar" begegnet uns auch in der Geschichte von Josef, als dieser nach vielen Jahren seine Familie wieder trifft. In diesem Zusammenhang lesen wir, dass Jakobs Seele so sehr an Benjamins Seele hing, dass man damit rechnen musste, dass Jakob eine Nachricht von Benjamins Tod in Ägypten nicht überleben würde:

> *„Und nun, wenn ich (Juda) zu deinem Knecht, meinem*
> *Vater (Jakob), käme und der Junge (Benjamin) wäre nicht*
> *bei uns – hängt doch seine Seele an dessen Seele – dann würde*
> *es geschehen, dass er stirbt, wenn er sähe, dass der Junge nicht*
> *da ist.“*
>
> (1. Mose 44,30)

Jakob fühlte sich zu Josef und Benjamin, den beiden Söhnen, die Rahel ihm geboren hatte, stärker hingezogen als zu seinen anderen Söhnen. Doch dadurch, dass er diese Vorliebe für Jakob und Benjamin so deutlich zeigte, wurde die von Gott gewollte Verbundenheit zwischen diesem Vater und seinen anderen Söhnen empfindlich gestört. Eifersucht und Unordnung hielten so in die ganze Familie Einzug und auch Jakob war ja ein Gebundener, da sein eigenes Leben und sein Lebenswille so sehr von dem Wohlergehen dieser beiden Söhne abhing. Wie sehr wir unsere Kinder auch lieben mögen, ein solches Maß von Abhängigkeit von ihnen ist nicht gesund. Hier zeigt sich, wie selbst in einer Familie, die bewusst mit Gott lebt, eine Beziehung Aspekte enthalten kann, die für die Beteiligten zur Gebundenheit werden.

Es gibt in der Bibel auch noch andere Wörter und Begriffe für die Verbundenheit von Menschen. Wir haben in den vorhergehenden Kapiteln bereits gesehen, dass seelische Bindungen, die nicht sauber sind, uns über ihren negativen Einfluss mit Macht von der Beziehung mit unserem Herrn wegziehen können. Das kommt in einer Warnung im 5. Buch Mose sehr gut zum Ausdruck:

> *„Wenn... dein Freund, dir wie dein Leben ist, dich heimlich*
> *verführt, indem er sagt: Lass uns gehen und anderen Göttern*
> *dienen..., dann darfst du ihm nicht zu Willen sein...“*
>
> (5. Mose 13,7.9)

Wie gesagt: Es gibt keine echte Beziehung, ohne ein gewisses Maß an gegenseitiger Hingabe, aber Gott möchte nicht, dass dieser Umstand, der uns ja auch in gewisser Weise angreifbar macht,

vom Feind dazu benutzt wird, uns in geistliche Finsternis hineinzuziehen.

Der Gedanke, dass die Leben von Menschen durch das, was
geistlich ihr Leben bestimmt, miteinander verbunden werden,
wird im Neuen Testament noch vertieft. An vielen Stellen wird
versucht, die Art von Verbundenheit, die Gott für seine Gemeinde
hier auf der Erde vorgesehen hat, näher zu beschreiben. Bedenken
wir: Nur in Christus gibt es wirkliche Sicherheit in unseren
Beziehungen hier auf Erden. Paulus fand das offensichtlich sehr
wichtig:

> *„Ich will euch nämlich wissen lassen, welchen Kampf ich um*
> *euch führe und um die in Laodizea... damit ihre Herzen ge-*
> *stärkt und zusammengefügt werden in der Liebe und zu al-*
> *lem Reichtum an Gewissheit und Verständnis, zu erkennen*
> *das Geheimnis Gottes, das Christus ist.“*
>
> (Kolosser 2,1-2 – Luther)

Stricke, und wie wir an ihnen festhalten

Wo immer Beziehungen sündhafter Natur waren, sei es durch unser eigenes Verschulden oder durch die Schuld anderer, spricht die
Schrift von den dauerhaften und unsichtbaren Banden, die einen
Menschen an die geistliche Finsternis dieser Beziehung gebunden
halten können. In der folgenden Warnung, die sich besonders an
junge Männer richtet, sexuelle Sünden dringend zu meiden, bezeichnet der Schreiber der Sprüche diese unsichtbaren Bande als
Stricke:

> *„Warum solltest du dich an einer Fremden berauschen...*
> *Denn der Weg eines jeden liegt offen vor den Augen des*
> *Herrn... Der Frevler verfängt sich in der eigenen Schuld, die*
> *Stricke seiner Sünde halten ihn fest.“*
>
> (Sprüche 5,20-22 – Einheitsübersetzung)

Ähnliche Worte verwendet der Psalmist im Zusammenhang mit Gottes Absicht, sein Volk von dem unsichtbaren Einfluss derer, die sie verwundet haben, zu befreien:

> *„Oft haben sie mich bedrängt von meiner Jugend an... Pflüger haben auf meinem Rücken gepflügt... Der HERR ist gerecht! Er hat durchschnitten den Strick der Gottlosen."*
>
> (Psalm 129,1.3-4)

Und natürlich wird in der Bibel auch von positiven Bindungen berichtet. So hatte ja Ruth zum Beispiel eine ganz besondere Beziehung zur ihrer Schwiegermutter Naomi:

> *„Da erhoben sie ihre Stimme und weinten noch mehr. Und Orpa küsste ihre Schwiegermutter, Rut aber hängte sich an sie."*
>
> (Ruth 1,14)

Es ist interessant, dass für diese Beziehung von Ruth zu Naomi, die an ihr „hing" oder „festhielt", das hebräische Wort „dabak" verwendet wird, das an anderer Stelle für die körperliche und geistige Verbindung, die Gott für einen Mann und eine Frau vorgesehen hat, steht (vgl. 1. Mose 2,24).

Das ist absolut keine Andeutung, dass die Beziehung zwischen Ruth und Naomi irgendwelche unangemessenen oder sexuellen Aspekte beinhaltet hätte. Dennoch war diese Beziehung so eng, dass Ruth mit Gewissheit sagen konnte, dass ihrer beider Leben, rein physisch, aber auch geistlich, in die gleiche Richtung gehen würde:

> *„Denn wohin du gehst, dahin will auch ich gehen, und wo du bleibst, da bleibe auch ich. Dein Volk ist mein Volk, und dein Gott ist mein Gott."*
>
> (Ruth 1,16b)

Offenbar sehen wir hier bei Ruth und Naomi eine von Gott
gegebene Seelenbindung.

Die unsichtbare Welt: Wie wir sie uns vorstellen müssen und wie wir sie erleben

Von Jesus lesen wir immer wieder, dass er sich große Mühe gab,
seinen Jüngern die geistlichen Wahrheiten der Herrschaft Gottes
zu erklären. Trotzdem schienen diese nur selten zu verstehen, wo-
von er überhaupt redete. So gab Jesus ihnen Geschichten und
Bilder, damit diese Gedanken in ihren Herzen anschaulicher würden, während sie ihn durch den Heiligen Geist immer besser ken-
nenlernten.

Generell lassen sich unsichtbare Dinge oft besser erklären,
wenn man beschreibt, was sie in der sichtbaren Welt bewirken.
Den Wind kann man nicht sehen, aber seine Wirkungen kann
man sehr wohl beobachten. Daher erklärt Jesus auch das Wirken
des Heiligen Geistes, indem er es mit dem Wind vergleicht:

> *„Der Wind weht, wo er will, und du hörst sein Sausen, aber
> du weißt nicht, woher er kommt und wohin er geht; so ist je-
> der, der aus dem Geist geboren ist."*

(Johannes 3,8)

Es ist leichter zu beschreiben, wie der Geist Gottes unser Leben
führt, als ihn selbst zu erklären.

Ähnlich schwierig kann es sein, die geistliche Wirklichkeit unserer Bindung an andere darzustellen. Richten wir unseren Blick
aber auf den schädlichen Einfluss, den andere auf unsere Gefühle
und unseren Geist haben, dann wird die Realität ungöttlicher
Bindungen sehr viel deutlicher.

Diese Auflösung der Bindungen kann eine sehr tiefgehende
und eindrückliche Erfahrung sein, nachdem wir denen vergeben
haben, die unser Leben negativ beeinflussten haben und uns dann

nach der Freiheit in Christus ausstrecken. Wenn Menschen hier für sich beten lassen, dann zeigt sich die befreiende Erfahrung oft an Aussagen wie „Zum ersten Mal in meinem Leben fühle ich mich wirklich frei von diesem Menschen". Auch hieran zeigt sich, dass man den Zustand der Gebundenheit und die darauf folgende Freiheit viel leichter in Worte fassen kann als die ungöttliche Seelenbindung selber.

Ich erinnere mich an eine Frau namens Rose. Sie hatte, bevor sie zu uns kam, an der Schule, an der sie arbeitete, von einem älteren Arbeitskollegen schwere verbale Angriffe und starken Druck erfahren. Als sie diese belastende Situation vor den Herrn brachte, dem Kollegen vergab und daraufhin von dessen Einfluss befreit wurde, zeigte sich bei ihr eine wirklich eindrucksvolle Reaktion. Zuerst fühlte sie sich, als würde eine schwere Last ihren Oberkörper nach unten ziehen, so dass sie ihren Kopf auf ihre Knie legte. Dann spürte sie, wie diese Last plötzlich von ihr abfiel und es blieb ein intensives Gefühl von Freiheit und Erleichterung zurück. Sie wäre sicherlich nicht in der Lage gewesen, die Natur ungöttlicher Seelenbindungen zu beschreiben, aber sie wusste ganz genau, wie sie sich anfühlte.

Gott möchte natürlich, dass seine Kinder in einer guten Weise miteinander verbunden sind. Er möchte Ordnung und Harmonie in den Beziehungen und die Freiheit, für seine gerechten Ziele zu arbeiten. Deshalb versuchten die Autoren der Briefe an die frühe Gemeinde zu vermitteln, dass die von Gott gesegnete geistige Verbundenheit zwischen Menschen sehr real und sehr wertvoll ist. So erwähnt Paulus sein Verlangen, seine Geschwister in Thessaloniki zu sehen:

> *„Wir aber, Brüder, nachdem wir für eine kleine Weile von euch getrennt waren – dem Angesicht, nicht dem Herzen nach –, haben uns mit großem Verlangen um so mehr bemüht, euer Angesicht zu sehen."*
>
> (1. Thessalonicher 2,17 – Schlachter)

In einem anderen Bild werden die Glieder des Leibes Christi mit den Teilen eines geistlichen Bauwerks verglichen:

> *„Lasst euch auch selbst als lebendige Steine aufbauen, als ein geistliches Haus, ein heiliges Priestertum, um geistliche Schlachtopfer darzubringen, Gott hochwillkommen durch Jesus Christus!"*
>
> (1. Petrus 2,5)

Unter der Herrschaft von Jesus und in Beziehung zueinander sind wir gemeinsam wie eine geistliche Wohnstätte, die der Geist Gottes bewohnt.

Jesus selbst ist das Fundament dieser neuen Art von Beziehung, die überhaupt erst durch ihn möglich wurde:

> *„Ihr seid aufgebaut auf der Grundlage der Apostel und Propheten, wobei Christus Jesus selbst Eckstein ist. In ihm zusammengefügt, wächst der ganze Bau zu einem heiligen Tempel im Herrn, und in ihm werdet auch ihr mit aufgebaut zu einer Behausung Gottes im Geist."*
>
> (Epheser 2,20-22)

Gott hat es so eingerichtet, dass es für uns – immer in gegenseitiger Unterordnung in Christus – eine Stelle gibt, an die wir genau hineinpassen und die ein wesentlicher Bestandteil der geistlichen Struktur seines Leibes hier auf Erden ist. Nicht nur mit einem Bauwerk lässt sich diese außerordentliche Tiefe der geistigen Verbundenheit vergleichen, sondern sogar mit der Wechselwirkung und gegenseitigen Abhängigkeit der Organe im menschlichen Körper:

> *„Er, Christus, ist das Haupt. Durch ihn wird der ganze Leib zusammengefügt und gefestigt in jedem einzelnen Gelenk. Jedes trägt mit der Kraft, die ihm zugemessen ist. So wächst der Leib und wird in Liebe aufgebaut."*
>
> (Epheser 4,15-16 – Einheitsübersetzung)

Das ist Gottes Sicht von der seelischen Verbundenheit unter Christen.

Beziehungen bringen entweder geistlichen Segen oder geistlichen Schaden mit sich

Von Gott gesegnete Beziehungen verbinden uns auf eine unsichtbare Weise miteinander. Daraus resultieren Gottes Schutz und seine Salbung, als ein Segen für uns. Wir haben schon gesehen, dass David diese Wahrheit in einem seiner Psalmen sehr schön ausdrückt:

> *„Siehe, wie gut und wie lieblich ist es, wenn Brüder einträchtig beieinander wohnen. Wie das köstliche Öl... Wie der Tau... Denn dorthin hat der HERR den Segen befohlen, Leben bis in Ewigkeit.“*
>
> (Psalm 133)

Wenn also der Geist Gottes von ihm gewirkte Beziehungen schützt und in ihnen lebendig ist, welcher Geist ist dann ihn Beziehungen wirksam, die auf Sünde und Missbrauch gegründet sind?

Beziehungen im Licht bringen Leben hervor. Beziehungen, die im Dunkel bleiben, bringen Zerstörung mit sich. Paulus schreibt dazu:

> *„Niemand verführe euch mit leeren Worten! Denn dieser Dinge wegen kommt der Zorn Gottes über die Söhne des Ungehorsams. Seid also nicht ihre Mitteilhaber! Denn einst wart ihr Finsternis, jetzt aber seid ihr Licht im Herrn. Wandelt als Kinder des Lichts.“*
>
> (Epheser 5,6-8)

Wenn wir uns diese Verse im Zusammenhang anschauen, dann sehen wir, dass der Begriff „dieser Dinge wegen" auf Aspekte der

Beziehungen unter den Christen in Ephesus Bezug nimmt. Paulus spricht zuvor von ihren Lügen, ihrem Zorn, von unnützen Worten, Bitterkeit, Nicht-Vergeben und Unmoral im Leben dieser Christen. Er sagt, dass diese Dinge, wenn sie nicht angegangen und beseitigt werden, in der Finsternis – dem Herrschaftsbereich Satans, des Herrscher dieser ungehorsamen Welt – verbleiben. Ungöttliche Seelenbindungen sind Feindesland.

Es ist wichtig, ungöttliche Bindungen zu erkennen und zu beseitigen

Jesus sandte die zwölf Jünger aus, von Stadt zu Stadt zu gehen, die Nachricht von Gottes Herrschaft zu verkünden und den Menschen Heilung und Befreiung zu bringen. Er wusste auch, dass die Menschen dies sehr unterschiedlich aufnehmen würden und dass es an einigen Orten feindselige Vorbehalte gegen die radikale Botschaft, die diese Männer brachten, geben würde.

So gab er seinen Jüngern die Anweisung, dass sie sich von jeder Beschmutzung wieder frei machen sollten, verursacht durch die Begegnung mit jenen, die ihren Worten feindselig gegenüberstanden:

> *„Und wenn jemand euch nicht aufnehmen noch eure Worte hören wird – geht hinaus aus jenem Haus oder jener Stadt und schüttelt den Staub von euren Füßen!"*
>
> (Matthäus 10,14)

Beachten wir, dass Jesus seine Jünger aufforderte, sich immer erst einen Moment Zeit zu nehmen, um die Situationen zu verarbeiten, in denen Menschen die Botschaft nicht wie von Gott gewünscht aufgenommen hatten; und dann nicht weiter zu gehen, ohne zuvor die geistlichen Folgen jener Feindseligkeit wieder abzuschütteln. In ähnlicher Weise müssen wir uns der Hilfe des Heiligen Geistes anvertrauen, um Beziehungen, deren Folgen wir heute noch mit uns herumtragen, zu verarbeiten. Jesus hat am Kreuz für alle Menschen Freiheit von geistiger Gebundenheit erwirkt. Das Problem ist nur, dass die meisten Menschen nicht innehalten, um die Worte von Jesus auch anzunehmen und um die Freiheit, die ihnen angeboten wird, in ihrem Leben zur Entfaltung kommen zu lassen. Ein Jünger ist aber jemand, der nicht nur seinem Herrn nachfolgt, sondern sich auch an seine Anweisungen hält.

Es gibt sicher keine bestimmte, klar umrissene Methode, um Menschen von ihren seelischen Bindungen zu lösen. Jesus sagt uns aber, dass wir in dem Maße, wie wir nach dem leben, was er uns beigebracht hat, die Wahrheit über ihn und unsere eigenen Bedürfnisse erkennen werden und zu der Freiheit gelangen, die er für uns bereitet hat:

> *„Wenn ihr in meinem Wort bleibt, so seid ihr wahrhaft meine Jünger; und ihr werdet die Wahrheit erkennen, und die Wahrheit wird euch frei machen."*
>
> (Johannes 8,31-32)

Was Jesus über Beziehungen lehrt, ist eindeutig: Wenn wir Gottes Grenzen überschritten haben, dann müssen wir umkehren und zugeben, dass wir von ihm abgewichen sind. Genauso müssen wir aber auch denen vergeben, die uns verwundet haben. Indem wir die Wahrheit erkennen, unsere Sünde bekennen und anderen vergeben, lösen wir uns ganz praktisch von jeder negativen Beziehung. Durch das, was Jesus am Kreuz erwirkt hat, sind wir dann durch den Glauben in der Lage, über das Zerreißen der unsichtbaren Bande der ungöttlichen Seelenbindungen hinaus zur geistlichen Freiheit zu gelangen.

Wenn wir anderen nicht vergeben, dann sind wir es, die gebunden bleiben – nicht die anderen. Jesus illustriert dies mit dem Gleichnis vom unbarmherzigen Knecht, der selber Barmherzigkeit empfangen hatte, aber nicht bereit war, dieselbe Barmherzigkeit auch dem entgegenzubringen, der ihm etwas schuldig war:

„Und sein Herr wurde zornig und überlieferte ihn den
Folterknechten, bis er alles bezahlt habe, was er ihm schuldig
war. So wird auch mein himmlischer Vater euch tun, wenn
ihr nicht ein jeder seinem Bruder von Herzen vergebt."

(Matthäus 18,34-35)

Jesus hat sein Werk am Kreuz vollendet. Er hat damit jedes Versprechen, jede Verheißung, die Gott in seinem Wort gegeben hat,
bekräftigt und verwirklicht. Das bedeutet in erster Linie, dass für
jedes angeschlagene Leben, das durch die Sünde des Menschen
zerstört wurde, völlige Wiederherstellung möglich ist. Um diese
Wiederherstellung zu Gottes Ehre zu erleben, muss jeder Mann
und jede Frau nichts anderes tun, als mit Gott übereinzustimmen,
dass die Verheißungen, die er gegeben hat, durch Jesus verwirklicht worden sind:

„Denn so viele Verheißungen Gottes es gibt, in ihm (Jesus) ist
das Ja, deshalb auch durch ihn das Amen, Gott zur Ehre
durch uns."

(1. Korinther 1,20)

Bekennen heißt mit Gott übereinstimmen, dass er die Wahrheit
sagt! Das ist immer der beste Anfang. Daraus wird auf Gottes Art
und zu seiner Zeit unter allen Umständen die Freiheit folgen.

Zusammenfassung

Auch wenn der Begriff „Seelenbindung" in der Bibel nicht ausdrücklich erwähnt wird, so finden wir den Gedanken, dass es in
Beziehungen unsichtbare (geistliche) Bindungen gibt, doch an vielen Stellen in Gottes Wort. Es ist immer schwierig, unsichtbare
Zusammenhänge zu erklären; die Auswirkungen dieser Zusammenhänge sind dagegen meist viel einfacher zu beschreiben.

Wenn die Umstände – längst vergangene Beziehungen einge-
schlossen – uns fortwährend geistlich verunreinigen, dann müssen
wir dies zunächst einsehen und unsere Sünde bekennen. Anschließend können wir den Anweisungen folgen, die Jesus uns
durch den Heiligen Geist gibt und die Freiheit, die Jesus für uns
am Kreuz erworben hat, für uns in Anspruch nehmen. Wenn wir
die Verheißungen Gottes für uns annehmen, bedeutet das für uns
Heilung und Wiederherstellung, und Gott gereicht es zur Ehre.

Jetzt wollen wir uns die überwältigende Wahrheit, dass Jesus
gekommen ist, um die Gefangenen zu befreien, noch genauer anschauen. Der Feind versucht, unser aller Leben zu verschlingen;
aber Jesus hat diesem Zerstörer die Zähne gezogen.

Kapitel 8

||||||||||||||||||||||||||||||||||||||||||||||||||||||||||||||||||||||||||||||||||||||||||||||||||||||||||||||||||||||||||||||||||||||||||||||||

Jesus macht die Gefangenen frei

Er ist derjenige, der die Bindungen in unserem Leben auflöst

Der Charakter Gottes

Jeder gute Hirte, der sieht, dass eines seiner Schafe sich im Zaun verfangen hat, wird alles Notwendige unternehmen, damit dieses Schaf wieder frei wird und zur Herde zurückkehren kann. Er kennt die Dummheit seiner Schafe, mit der sie sich selbst oft in Schwierigkeiten bringen – doch sein Wunsch, ihnen zu helfen, ist weit stärker als der Ärger darüber, dass sie sich immer wieder in solch schwierige Situationen bringen.

Jesus nennt sich selbst den Guten Hirten und drückt den eigentlichen Charakter Gottes aus. Seine Kinder aus der Gebundenheit zu befreien, wenn sie auf sein Angebot eingehen, ist Zentrum von Gottes Absichten für uns. Durch den Propheten Jesaja erklärt er:

> *„Ist nicht vielmehr das ein Fasten, an dem ich Gefallen habe: Ungerechte Fesseln zu lösen, die Knoten des Joches zu öffnen, gewalttätig Behandelte als Freie zu entlassen und dass ihr jedes Joch zerbrecht?"*

(Jesaja 58,6)

Wir haben bereits gesehen, dass der Begriff „Joch" in der Bibel verwendet wird, um den geistigen Einfluss zu beschreiben, der zum Tragen kommt, wenn Menschen in negativer Weise durch andere kontrolliert werden. Gott sieht die Beziehungen, die uns gefangen genommen und uns geschadet haben, und er wünscht nichts sehnlicher, als uns davon wieder frei zu machen.

Wer zerreißt die Seelenbindung?

Jesus ist der Befreier. Er ist durch und durch Wahrheit und Freiheit. Als er am Kreuz hing, hat er uns durch seinen Opfertod unsere geistliche Freiheit zurück erkauft. Nur Jesus kann uns vom dem geistigen Einfluss, den der Feind auf die ganze Menschheit ausübte, befreien, und er hat es getan. Satan hat die Gelegenheit ergriffen und allzu oft seine Zähne in das Leben von Menschen geschlagen, die, bewusst oder unbewusst, den Bereich von Gottes Schutz verlassen haben. Petrus erklärt uns, dass Satan die gleiche Taktik wie ein Löwe anwendet, der zuerst versucht, eine Herde auseinander zu treiben und der sich dann ein von der Herde getrenntes Tier als Opfer aussucht:

> *„Seid nüchtern, wacht! Euer Widersacher, der Teufel, geht umher wie ein brüllender Löwe und sucht, wen er verschlingen kann."*

(1. Petrus 5,8)

Wenn Jesus Sie befreit, sind Sie wirklich frei! Alles, was er von uns verlangt, ist, dass wir seinen Anweisungen folgen und unsere Sünden bekennen, von falschen Überzeugungen und falschem Verhalten umkehren und anderen, die gegen uns gesündigt haben, vergeben. Damit tun wir alles, was in unserer Möglichkeit ist, und lassen dann die negativen Aspekte unserer Beziehungen hinter uns. Danach haben wir durch den Glauben Zugang zu einem wirklich großartigen Geschenk, nämlich der Freisetzung in der unsichtbaren Welt von dem negativen Einfluss, den die Beziehung und die andere Person auf uns gehabt haben. Jesus erklärt seinen

Jüngern, dass genau dies geschehen wird, wenn sie nach den Regeln seines Reiches leben:

> *„Wahrlich, ich sage euch: Was ihr auf Erden binden werdet, soll auch im Himmel gebunden sein, und was ihr auf Erden lösen werdet, soll auch im Himmel gelöst sein."*
>
> (Matthäus 18,18)

Im nächsten Kapitel werden wir sehen, was wir dazu tun können, um die Freiheit von ungöttlichen Seelenbindungen für uns in Anspruch zu nehmen und um von da an in dieser Freiheit leben zu können. Zuerst aber wollen wir uns noch einmal vergewissern, was Jesus getan hat, um all jenen Freiheit zu geben, die sich dafür entscheiden, diese Freiheit auch anzunehmen.

Es geht nur um Jesus

Als Jesus am Anfang seines Dienstes auf der Erde in der Synagoge aufstand, las er die folgenden Worte aus dem Propheten Jesaja:

> *„Er hat mich gesandt, zu predigen den Gefangenen, dass sie frei sein sollen, und den Blinden, dass sie sehen sollen, und den Zerschlagenen, dass sie frei und ledig sein sollen..."*
>
> (Lukas 4,18)

Damit unterstrich er seinen Auftrag, der Menschheit Freiheit und Heilung zu bringen. Er wusste nur zu gut, dass Männer wie Frauen durch ihren Ungehorsam gegenüber Gott in Gebundenheit geraten waren. Wenn es Rettung für sie geben sollte, dann mussten sie das geistliche Problem zunächst erkennen und anschließend sehen, dass Jesus der einzige Weg war, um von allem, das ihr Leben zu einem Gefängnis gemacht hatte, frei zu werden.

Für einen Menschen gibt es nur zwei Reiche, unter deren geistlicher Herrschaft er stehen kann. Das eine oder eben das andere

Reich wird jeden Aspekt unseres Lebens bestimmen, einschließlich unserer Herzenshaltung, der Worte, die wir sprechen und der Beziehungen, die wir eingehen. Das eine Reich nennt Jesus „Licht", und dort ist sein Herrschaftsbereich; das andere Reich nennt er „Finsternis", und dort herrscht Satan. Diese beiden Reiche stellt er Paulus auf der Straße nach Damaskus klar gegenüber:

> *„... zu denen ich dich sende, um ihnen die Augen aufzutun, dass sie sich bekehren von der Finsternis zum Licht und von der Gewalt des Satans zu Gott."*
>
> (Apostelgeschichte 26,17-18)

Beachten wir aber auch, dass diese beiden Reiche sich an Macht keinesfalls ebenbürtig sind. Gott ist der alles weit überragende Schöpfer aller Dinge, doch der Feind hat ein eigenes Territorium in dem ihm zu herrschen erlaubt ist. Als die ersten Menschen sich für die Sünde entschieden, indem sie Satans Ratschlägen im Garten Eden folgten, gaben sie die geistige Herrschaft über diese Welt aus der Hand, und Satan wurde der geistige Herrscher der Welt. Von da an haben Menschen Generation um Generation, nicht zuletzt auch in der Art und Weise, wie sie miteinander umgehen, eine Unzahl von falschen Entscheidungen getroffen und sind weiter dabei, Satan in die Hände zu spielen und seine Macht zu festigen.

Wir können die Vergangenheit nicht ändern oder ungeschehen machen, doch Jesus möchte von jetzt an über jede unserer Beziehungen herrschen und sie in geistige Freiheit und ins Licht überführen. Wunderbarerweise ist dies auch möglich bei negativ geprägten Beziehungen, die in unserem Leben schon lange zurückliegen.

Die Freiheit, die Jesus uns erworben hat, als er am Kreuz hing, durchdringt Raum und Zeit. Als er sein Leben für uns gab und in Qualen dort hing, da vollendete er die Aufgabe, uns in allen Bereichen unseres Lebens von der Gebundenheit an die geistliche Finsternis zu befreien.

Aber was ist jetzt unsere Aufgabe dabei? Erstaunlich wenig! Wir werden uns das später noch genauer ansehen, aber man kann es auf die einfache Formel bringen: stimme mit Jesus überein und empfange seine Freiheit.

Wir haben schon früher gesehen, dass der Schreiber des Epheserbriefs die Art und Weise, wie Beziehungen zu einem Ort des Lichts und der Freiheit werden können, perfekt zusammenfasst:

> *„Ordnet euch einander unter in der Furcht Christi."*
>
> (Epheser 5,21)

Wir haben auch gesehen, dass echte Beziehungen immer etwas mit gegenseitiger Hingabe zu tun haben. Es ist unmöglich, mit jemandem eine wirkliche Beziehung zu führen, wenn wir nicht auch bereit sind, etwas von uns selbst zu geben. Wenn ich einen Teil meiner Persönlichkeit vor einem anderen öffne, ist das immer auch ein Risiko, denn es bewirkt, dass ich mich durch das Verhalten der anderen Person mir gegenüber verletzlich und angreifbar mache. Das einzig wirklich sichere Umfeld für eine Beziehung besteht da, wo unsere Hingabe durch die geistliche Autorität von Jesus geschützt wird. Beachten Sie bitte auch, dass das Wort „Furcht" in dem oben genannten Vers nichts mit Angst zu tun hat, sondern einfach nur geistliche Unterordnung bedeutet.

Wenn Gott die letzte Autorität in einer Beziehung ist, dann schenkt der Heilige Geist Schutz und Segen, Heilsein und Freiheit. Der Psalmist malt in Psalm 133, den wir uns im vorhergehenden Kapitel angesehen haben, ein schönes Bild davon, wenn er schreibt, wie das Salböl über das vereinte Volk Gottes ausgegossen wird.

Frei, um mit Christus vereint zu sein

Ungöttliche Seelenbindungen halten uns nicht nur in negativer Weise an andere Menschen gebunden, sie halten uns auch davon ab, vollständig mit Jesus verbunden zu sein. Wie jeder Bräutigam ist auch Jesus eifersüchtig darauf bedacht, dass seine Braut mit ganzem Herzen an ihm hängt und nicht von anderen Beziehungen fortgezogen wird, auch nicht unbewusst. Wir merken vielleicht nicht, was uns von ihm fortzieht, aber Jesus merkt das sehr wohl. Wie wir schon gesehen haben, können ganz besonders unmoralische Beziehungen einen Menschen von einer intensiven Beziehung mit Jesus abhalten:

> *„Oder wisst ihr nicht: wer sich an die Hure hängt, der ist ein Leib mit ihr? ... Wer aber dem Herrn anhängt, der ist ein Geist mit ihm."*
>
> (1. Korinther 6,16-17)

Die Bundesgemeinschaft zwischen Gott und der Gemeinde wird in der Bibel mit der Beziehung zwischen einem Mann und einer Frau, die eine Ehe eingehen wollen, verglichen. Wenn sein Volk sich in seiner Anbetung anderen Partnern zuwendet, dann ist das für Gott, als wenn es die Ehe bricht. Der Feind wird jede Gelegenheit, die sich ihm bietet, ergreifen, uns zu umgarnen und uns durch falsche Anbetung und falsche Beziehungsbindungen, die unter seiner Kontrolle stehen, von unserem Bräutigam wegzuziehen. Gottgewollte Beziehungen konkurrieren dagegen niemals mit unser Nachfolge Jesu, sondern sind vielmehr Wege der gemeinschaftlichen Verbindung mit ihm.

Was das Durchtrennen von Seelenbindungen nicht ist

Manchmal kommen Menschen und suchen Gebet, nur um ihr Leben wieder in Ordnung zu bringen. Dabei verstehen sie nicht, dass es Gott in erster Linie darum geht, uns innerhalb seines Bundes in eine tiefere Beziehung mit ihm hineinzubringen.

Wenn wir zu Jesus kommen, um von ungöttlichen Bindungen befreit zu werden, dann ist es ganz wichtig, dass wir uns zuvor

darüber klar werden, was da überhaupt getrennt werden soll. Es klingt zwar unglaublich, aber die folgende Liste enthält einige der Bitten, mit denen Menschen zu uns in die Ellel-Zentren gekommen sind.
Das Durchtrennen einer Seelenbindung ist kein...

... Weg, Menschen, die wir nicht mögen, hinter uns zu lassen

... bequemer Weg, einen unliebsamen Ehepartner loszuwerden

... Weg, sich einzureden, eine frühere Beziehung hätte es gar nicht gegeben

... annehmbarer Weg, die Vergangenheit zu begraben

... Weg, sich von Gott gegebener Autorität zu lösen

Es sollte auch klar sein, dass das Durchtrennen einer ungöttlichen Seelenbindung nicht dazu da ist, rechtmäßige Beziehungen zu zerstören, auch handelt es sich nicht um eine Technik, mit der wir uns ein paar Dinge herauspicken können, die uns besonders gut gefallen. Wir dienen einem souveränen Gott, der durch seine Gnade und unser vorbehaltloses Vertrauen in ihn einen Weg in die Freiheit vorbereitet hat, mit dem Ziel, dass wir tiefer in seine Liebe hineinkommen.

Die Bedeutung von Seelenbindungen bei Heirat und Scheidung

Jesus hält uns vor Augen, dass es zu den Voraussetzungen für eine Ehe nach Gottes Vorstellung gehört, dass beide Ehepartner sich in rechter Weise von den familiären Bindungen ihrer Kindheit lösen. Jesus sagt weiter, dass es dann Gott selber ist, der die Ehepartner in einem Bund von einzigartiger Vertrautheit verbindet:

> *„Er aber antwortete und sprach: Habt ihr nicht gelesen: Der*
> *im Anfang den Menschen geschaffen hat, schuf sie als Mann*
> *und Frau und sprach ,Darum wird ein Mann Vater und*
> *Mutter verlassen und an seiner Frau hängen, und die zwei*
> *werden ein Fleisch sein?' So sind sie nun nicht mehr zwei,*
> *sondern ein Fleisch. Was nun Gott zusammengefügt hat, das*
> *soll der Mensch nicht scheiden!"*
>
> (Matthäus 19,5-6)

Kein Mann und keine Frau sollten jemals versuchen, Gott in diesen
Dingen etwas vorzuschreiben, aber dennoch stellt sich die Frage:
würde Gott uns je von der Bindung an einen früheren Ehepartner
befreien? Was für eine schwierige Frage! Ganz gleich, ob wir das
nun wahr haben wollen oder nicht, in der ganzen Welt sind zahllose Christen durch die schmerzhafte Erfahrung einer Scheidung gegangen, und haben entweder erneut geheiratet oder wünschen sich
zumindest, wieder zu heiraten. Was bedeutet das nun für die
Verbindung mit den früheren und gegenwärtigen Ehepartnern?

Gott hasst Scheidung wegen des Verrats, der oft damit verbunden ist, und wegen des enormen Schadens, den sie für alle Beteiligten bedeutet:

> *„Denn ich hasse die Ehescheidung, spricht der Herr, der Gott*
> *Israels, und dass man sein Gewand mit Frevel bedeckt, spricht*
> *der Herr der Heerscharen; darum hütet euch in eurem Geist*
> *und werdet nicht untreu!"*
>
> (Maleachi 2,16 – Schlachter)

Scheidung ist nicht in erster Linie ein Gerichtsbeschluss ist, sondern eine Haltung des Herzens, das in der Tat treulos sein kann
und eine nicht sichtbare Trennung verursacht, lange bevor irgendwelche offiziellen Schriftsätze ausgetauscht werden. Es ist die sündige Herzenshaltung bei einer Scheidung, die Gott so leidenschaft-
lich hasst, auch wenn er damit nicht sagt, dass Scheidung eine
Sünde ist, die nicht vergeben werde könnte.

Aus dem, was Jesus sagt, wird aber auch deutlich, dass mit der Trennung von einem Ehepartner und der Heirat eines anderes Partners, selbst wenn rein rechtlich alles geordnet vor sich geht, die Frage der geistigen Bindung, die durch Gott entstanden ist, noch lange nicht geklärt ist:

> *„Ich sage euch aber, dass, wer immer seine Frau entlässt, außer wegen Hurerei, und eine andere heiratet, Ehebruch begeht..."*

(Matthäus 19,9)

In dieser Welt geschieht derzeit eine unglaubliche Entwertung des Ehebundes, mit der Folge, dass eine enorme Unordnung in die Gesellschaft hineinkommt, weil Gottes Gebote ignoriert werden.

Einfach nur zu erklären, dass hier eine Seelenbindung durchtrennt wird, kann nicht die Antwort sein, denn etwas, was Gott zuvor verbunden hat, kann nachher nicht einfach zu einer ungöttlichen Seelenbindung, die durchtrennt werden muss, erklärt werden. Trotzdem können spezielle negative Aspekte der Bindung an den früheren Partner, denken wir zum Beispiel an Missbrauch oder kontrollierendes Verhalten, sicherlich durch das Durchtrennen solcher ungöttlicher Bindungen gelöst werden. Was Gott jedoch durch den Ehebund miteinander verbunden hat, ist eine viel tiefergehende Frage.

Viele Christen wollen nach einer Scheidung mit aufrichtigen Motiven eine neue Ehe eingehen. In der Frage, wie Gott die geistige Lösung von einer früheren Ehe und die Verbindung zweier Menschen in einem neuen Bund vollzieht, sollten Menschen sich nicht anmaßen, in eigener Autorität zu entscheiden. Diese Fragen können nur mit demütigem Herzen vor einen liebenden Gott gebracht werden, um seine Weisung für den rechten Weg suchen, wobei alles, was in der Vergangenheit geschehen ist, einschließlich des sündigen Verhaltens beider Seiten, mit einbezogen werden muss.

Angesichts der jeweils besonderen Umstände des Scheiterns ihrer Ehe und der anschließenden Scheidung sind viele ernsthafte

Christen zur der Überzeugung gekommen, vor Gott die Freiheit
zu haben, eine neue Ehe einzugehen, nachdem sie ihr Scheitern in
Demut vor Gott aufgearbeitet haben. Damit soll auf keinen Fall
die Bedeutung der Ehe oder der Schaden, den eine Scheidung an-
richtet, verharmlost werden. Diese enorm wichtige Frage, wie Gott
eine Wiederheirat beurteilt, sollte jedoch mit dem Wunsch, die
zutiefst gerechten Wege eines gnädigen und erlösenden Gottes zu
verstehen, ernsthaft geprüft werden.

Die Rolle eines Jüngers Jesu

Jesus ist der Befreier und der Heiler. Dennoch sehen wir in der
Bibel auch, dass er gerne Autorität an seine Jünger weitergeben
möchte, damit sie ihrerseits anderen Menschen Freiheit und Heilung bringen können. Er sandte die ersten zwölf Jünger aus und
rüstete sie mit seiner Autorität und Vollmacht über die Mächte der
Finsternis aus:

> *„Als er aber die Zwölf zusammengerufen hatte, gab er ihnen*
> *Kraft und Vollmacht über alle Dämonen und zur Heilung*
> *von Krankheiten."*
>
> (Lukas 9,1)

Gott hat sich dazu entschlossen, Nachfolger Jesu dafür einzuset-
zen, denen Freiheit zu bringen, die durch die Macht des Feindes
gebunden sind. Diese Freiheit ist eine direkte Folge von Gottes
Vergebung. Wenn Menschen Gottes Vergebung für ihre Sünden
empfangen, dann verliert der Feind sein Recht, sie an die geistigen
Folgen ihrer Sünden gebunden zu halten.

Es ist deutlich, dass Jesus die Vollmacht, Gottes Vergebung für
Sünden und Befreiung von deren Folgen zu gewähren, an seine
Jünger weitergegeben hat:

>*„Und als er dies gesagt hatte, hauchte er sie an und spricht zu ihnen: Empfangt Heiligen Geist! Wenn ihr jemandem die Sünden vergebt, dem sind sie vergeben, wenn ihr sie jemandem behaltet, sind sie ihm behalten."*
>
> (Johannes 20,22-23)

Er spricht diese Worte zu einem Zeitpunkt, da er sich darauf vorbereitet, zum Vater zurückzugehen. Danach sollte die Fülle des Heiligen Geistes auf die Jünger kommen, um ihnen nicht nur die Autorität, sondern auch die Kraft zu geben, als Zeugen für Jesus in die geistliche Schlacht zu ziehen.

Gott hat bestimmt, dass sein Leib hier auf der Erde das Recht hat, Macht und Autorität über die Mächte der Finsternis auszuüben, wenn das Leben der Menschen und ihre Beziehungen unter die geistliche Herrschaft von Jesus kommen. Wenn wir durch den Heiligen Geist geführt und befähigt werden, dann können wir Befreiung aussprechen von dem Einfluss, den der Feind durch nicht von Gott gesegnete Beziehungen auf das Leben von Menschen hat. Natürlich muss die Person, die frei werden will, auch bereit sein, mit Gott in Bezug auf all die negativen Aspekte der betreffenden Beziehung ins Reine zu kommen. Was Gott im Leben eines Menschen geistlich wieder gut macht, das wird auch zur Freiheit erneuert.

Manchmal werden wir Freiheit erlangen, weil Gott unsere Brüder und Schwestern entsprechend begabt und ausrüstet; und zu anderen Zeiten werden wir wiederum unseren Brüdern und Schwestern in dieser Hinsicht dienen. Der Heilige Geist verteilt seine Begabungen und Aufträge in der Gemeinde, wie er es für richtig hält.

>*„Dies alles aber wirkt ein und derselbe Geist und teilt jedem besonders aus, wie er will."*
>
> (1. Korinther 12,11)

Zusammenfassung

Jesus ist gekommen, um von geistiger Gefangenschaft zu befreien und um den Schaden, der in allen Bereichen unseres Lebens entstanden ist, zu heilen. Gott war entschlossen, uns den Frieden und die umfassende Gesundheit einer echten Beziehung mit ihm wieder zu geben. Eine unsichtbare Bande, die aus ungöttlichen Beziehungen entstanden ist, kann uns in in Gebundenheit bringen. Wir können Gottes Heilung nicht unabhängig von unserer Beziehung zu ihm erwarten. Sie ist eine Wirkung seiner Gnade für all jene, die sich entscheiden, vollständig von Jesus abhängig zu sein. Am Kreuz wurde Gottes Verheißung von Frieden und Wiederherstellung durch Jesus erfüllt. Er hat der Gemeinde, die sein Leib ist, hier auf der Erde Autorität und Macht gegeben, Heilung für Geist, Seele und Leib zu empfangen und an andere weiterzugeben:

> *„Heilt Kranke, weckt Tote auf, reinigt Aussätzige, treibt Dämonen aus! Umsonst habt ihr empfangen, umsonst gebt!"*
> (Matthäus 10,8)

Wir wollen uns jetzt noch genauer ansehen, was wir selbst tun müssen und können, um mit Gottes Hilfe von ungöttlichen Seelenbindungen frei zu werden. In Jesaja 58,9 lesen wir Gottes wunderbares Versprechen: *„Dann wirst du rufen, und der HERR wird antworten..."*, aber wir müssen dazu auch unseren Teil tun: *„Wenn du aus deiner Mitte fortschaffst das Joch..."*

Kapitel 9

Was kann ich tun?

Wie ich mir Gottes Freiheit zu eigen mache

Gott wartet auf eine Reaktion

Es ist die reine, wundervolle Wahrheit über Gottes Plan, dass er sich entschlossen hat, die Menschheit zu retten, in eine echte Verbundenheit mit ihm zu bringen und alles Notwendige zu unserer Wiederherstellung selbst zu tun. Gott beschreibt sein eigenes Herz als das eines fürsorglichen Hirten, der auch an den abgelegensten Orten nach den Schafen sucht, die von der Herde getrennt wurden und in eine Falle gerieten.

Ungöttliche Seelenbindungen können ein solcher „Ort" sein, an dem wir gefangen wurden, weil wir aus Gottes Schutz herausgelaufen sind. Wir hatten schon angedeutet, dass Schafe sich leicht in Büschen und Zäunen verheddern. Dort hängen sie hilflos, bis die starke Hand des Hirten sie aus ihrer misslichen Lage befreit. In Hesekiel 34,11-12 verspricht Gott, dass er selbst die Rolle des Hirten für sein Volk übernehmen will:

> *„Denn so spricht der Herr, HERR: Siehe, ich bin es, und ich will nach meinen Schafen fragen und mich ihrer annehmen. Wie ein Hirte sich seiner Herde annimmt am Tag, da er unter seinen zerstreuten Schafen ist, so werde ich mich meiner Schafe annehmen und werde sie retten aus allen Orten, wohin sie zerstreut worden sind am Tag des Gewölks und des Wolkendunkels."*

Jesus ist die vollständige Erfüllung aller Verheißungen Gottes, seinen Kindern Freiheit zu bringen. Darum konnte Jesus am Kreuz ausrufen: „*Es ist vollbracht!*" Doch sollte darauf notwendigerweise auch eine Reaktion von uns erfolgen. Wir müssen uns mit Gottes Geboten eins machen, damit die Freiheit, die er uns versprochen hat, in unseren Herzen Wirklichkeit werden kann. Wenn uns Sünde, sei es in unserem eigenen Herzen oder in einem Bereich unserer Beziehungen, bewusst wird, und wir entscheiden uns aufrichtig, Gottes Urteil darüber anzunehmen, dann ist der Einfluss des Feindes gebrochen und die Heilung kann erfolgen. Der Apostel Johannes erklärt uns, dass hier der eigentliche Grund liegt, warum Jesus gekommen ist:

> „*Wer die Sünde tut, ist aus dem Teufel, denn der Teufel sündigt von Anfang an. Hierzu ist der Sohn Gottes offenbart worden, damit er die Werke des Teufels vernichte.*"
>
> (1. Johannes 3,8)

Was muss ich also tun?

Wenn eines seiner Schafe sich irgendwo verfangen hat, dann tut jeder Hirte alles, was nötig ist, um das Schaf zu befreien und zur Herde zurückzubringen. Was das Schaf aber lernen muss: die Stimme seines Hirten zu erkennen und bereitwillig der Führung seiner Hand zu folgen. Wenn die Schafe die Stimme des Hirten kennen, dann werden sie auf Viehdiebe, die nur ihren eigenen Vorteil im Auge haben, nicht hereinfallen. Nur indem sie sich der Hand des wahren Hirten anvertrauen, können die Schafe ohne Gefahr von dem gelöst werden, worin sie sich verfangen haben. Und das gleiche gilt auch für Kinder Gottes. Der Gute Hirte hat für uns die Freiheit erworben, aber um diese Freiheit auch zu empfangen, müssen wir auf seine Stimme reagieren und seinen Anspruch akzeptieren, Einfluss auf alle Bereiche unseres Daseins zu nehmen.

In der Wirklichkeit sieht es leider so aus, dass nicht jeder, der in negativen Beziehungen gefangen ist, auch bereit ist, sich dem zu beugen, was Gott über die jeweilige Situation sagt. Wenn Gott uns zeigt, dass wir seine Hilfe brauchen, um in bestimmten Bereichen unseres Lebens wieder zurecht zu kommen, dann wird unsere Reaktion hoffentlich genauso aussehen, wie die der Menschen, die zu Pfingsten Petrus zuhörten, als er die Wahrheit über Jesus verkündete:

> *„Als sie aber das hörten, drang es ihnen durchs Herz, und sie sprachen zu Petrus und den anderen Aposteln: Was sollen wir tun, ihr Brüder?"*
>
> (Apostelgeschichte 2,37)

Welche konkreten Schritte können wir also gehen, um die Dinge wieder in Ordnung zu bringen, wenn Gott uns auf bestehende oder vergangene negative Beziehungen hinweist? Da geistige Gebundenheit außerhalb der Grenzen von Zeit und Raum angelegt ist, können wir auch heute noch von jeder Gebundenheit frei werden, ganz gleich, wie weit ihre Ursache zurückliegt. Wir haben gesehen, wie Beziehungen, die nicht unter Gottes Schutz standen, uns auch heute noch belasten und in geistiger Finsternis gebunden halten können unser Leben wird durch ein ungöttliches geistiges Joch stark beeinträchtigt.

Gott weiß ganz genau, wie wir in diese destruktiven Beziehungen hineingeraten sind und dass diese wie ein scheuerndes Joch auf unserer Seele sein können. Er hat immer wieder klar zum Ausdruck gebracht: Er möchte, dass sein Volk von diesen Dingen frei ist. Unrechtmäßige Kontrolle durch andere, die nicht von Gott autorisierte Macht ausgeübt haben, ist ein uraltes Problem im Leben von Menschen, und Gott ist fest entschlossen, das in Ordnung zu bringen. Für Gott ist das weit wichtiger als jede äußere Form von religiösen Ritualen oder Bräuchen.

„Ist nicht vielmehr das ein Fasten, an dem ich Gefallen habe:
Ungerechte Fesseln zu lösen, die Knoten des Joches zu öffnen,
gewalttätig Behandelte als Freie zu entlassen und dass ihr je-
des Joch zerbrecht?"

(Jesaja 58,6)

Wie kann die Freiheit von ungöttlichen Seelenbindungen in uns zur Entfaltung kommen?

Wir haben in diesem Buch immer wieder hervorgehoben, dass
Gott seinen Teil erfüllt hat: Als Jesus am Kreuz hing, hat er uns
von geistiger Gebundenheit befreit und des Feindes Autorität über
die Menschheit weggenommen. Paulus schreibt dazu:

„Und euch... hat er mit lebendig gemacht mit ihm (Jesus)...
Er hat den Schuldschein gegen uns gelöscht, den in Satzungen
bestehenden, der gegen uns war, und ihn auch aus unserer
Mitte fortgeschafft, indem er ihn ans Kreuz nagelte; er hat die
Gewalten und die Mächte völlig entwaffnet und sie öffentlich
zur Schau gestellt. In ihm hat er den Triumph über sie gehal-
ten."

(Kolosser 2,13-15)

Es ist eine traurige Tatsache, dass der größere Teil der Menschen in
dieser Welt sich dafür entschieden hat, das zu ignorieren, was Jesus
für sie getan hat. Aber wir als Christen können uns anders entscheiden! Um die Herrschaft Jesu in jedem Bereich unseres Lebens
aufzurichten – und damit von der Herrschaft der Mächte der
Finsternis frei zu werden – müssen wir mit dem, was Jesus ist und
was er sagt, vollständig übereinstimmen. Mit all seiner Macht
kann er nichts dafür tun, dass wir frei werden, wenn wir uns nicht
seinen Anweisungen unterstellen.

Die Anweisungen, die Jesus uns gibt, kann man in zwei
Kategorien einteilen. Militärisch ausgedrückt: die permanenten

Befehle und die Tagesbefehle. Um die Frage „Was soll ich tun?" zu beantworten, können wir zunächst den permanenten Befehlen folgen und uns an das halten, was Jesus seinen Jüngern gesagt hat, als er noch hier auf der Erde war. Permanente Befehle sind zum Beispiel, dem Menschen zu vergeben, der mich verletzt hat, oder umzukehren, wenn wir falsch über jemanden gedacht haben.

Ein Tagesbefehl mag dann sein, zu einem Bruder oder einer Schwester zu gehen und eine bestimmte Beziehung, die in Gottes Augen nicht in Ordnung ist und von deren Unrechtmäßigkeit wir überführt worden sind, zu bekennen. Damit folgen wir einer Anweisung von Jakobus:

> *„Bekennt nun einander die Sünden und betet füreinander, damit ihr geheilt werdet!"*
>
> (Jakobus 5,16)

Der Heilige Geist wird uns an die Gebote, die Jesus uns gegeben hat, erinnern und uns zeigen, wann und wie sie jeweils anzuwenden sind – wenn wir bereit sind, darauf zu hören. Er wird uns zeigen, wie wir die Freiheit, die Jesus für uns am Kreuz erworben hat, in unserem Leben zur Entfaltung kommen lassen können. Dazu gibt es zwar keine bestimmte Methode, aber es gibt doch bestimmte Grundprinzipien, die dabei hilfreich sein können.

Hilfe am richtigen Ort und bei den richtigen Menschen suchen

Es kann gut sein, die betreffende Frage zunächst mit einigen Christen, denen Sie vertrauen, durchzusprechen. Das kann in Ihrer Gemeinde geschehen oder überall, wo Christen anderen Christen im Heilungsdienst zur Seite stehen. Es kann sehr hilfreich sein, dazu für einige Tage der normalen Arbeit und dem Familienalltag zu entfliehen. Christliche Organisationen wie Ellel Ministries International haben besondere Orte eingerichtet, an de-

nen Sie sich, zusammen mit Menschen, die etwas von der Proble-
matik der Seelenbindungen verstehen, einmal intensiver mit Ihren
Probleme auseinandersetzen können. Der Pastor Ihrer Gemeinde
sollte in der Lage sein, Ihnen zu sagen, wohin Sie sich in Ihrer
spezifischen Situation am besten wenden können.

Es liegt eine große Kraft darin, sich auf der Suche nach Gottes
Wegen zur Heilung mit anderen eins zu machen. Jesus sandte seine
Jünger ja auch immer zu zweit aus, um die Herrschaft Gottes zu
verkündigen und den Menschen, denen sie begegneten, Heilung
zu bringen:

> *„Nach diesem aber bestimmte der Herr siebzig andere und*
> *sandte sie zu je zwei vor seinem Angesicht her in jede Stadt*
> *und jeden Ort, wohin er selbst kommen wollte."*
>
> (Lukas 10,1)

In einem ähnlichen Sinn ermutigte Jesus seine Nachfolger, zu
zweit oder zu dritt seine Weisung zu suchen. Einigkeit im Geist
und der Versuch, den Willen des Heiligen Geistes zu erkennen, ist
der beste Weg, die Tagesbefehle unseres „Oberbefehlshabers" zu
verstehen und zu befolgen:

> *„Wiederum sage ich euch: Wenn zwei von euch auf der Erde*
> *übereinkommen, irgendeine Sache zu erbitten, so wird sie ih-*
> *nen werden von meinem Vater, der in den Himmeln ist.*
> *Denn wo zwei oder drei versammelt sind in meinem Namen,*
> *da bin ich in ihrer Mitte."*
>
> (Matthäus 18,19-20)

Nur zu gern vermittelt der Heilige Geist die Weisungen Jesu, wenn
einige Christen zusammen sind. Dabei verleiht er jedem Einzelnen
ganz spezifische Gaben, damit die Gruppe gemeinsam alles hat,
womit Gott sie ausrüsten möchte.

„Dies alles aber wirkt ein und derselbe Geist und teilt jedem besonders aus, wie er will."

(1. Korinther 12,11)

Wir sollten ernsthaft danach streben, für jede Aufgabe, die vor uns liegt, die besondere Ausrüstung des Heiligen Geistes zu bekommen. Gerade wenn wir für andere Menschen um Heilung beten, brauchen wir von Gott immer wieder neu Weisheit, Erkenntnis, Glauben, Unterscheidungsvermögen und Kraftwirkungen des Geistes. Schließlich begeben wir uns direkt auf das Territorium des Feindes und wollen es ihm wegnehmen. Bei einer ungöttlichen Seelenbindung hat der Feind die geistliche Autorität über die geistigen Verbindungen zwischen den betroffenen Menschen. Die Befreiung von ungöttlichen Seelenbindungen ist daher die Beseitigung dieser Autorität. Wenn der Feind hier Land eingenommen hat, dann möchte Gott, dass wir mit ihm übereinstimmen, dass Jesus alle Macht gegeben ist und dass der Feind kein Recht hat, Menschen, die Jesus wirklich nachfolgen, festzuhalten. Gott sucht Menschen, die bereit sind, dem Feind ein „Lass los!" entgegenzuschleudern. Nicht immer gab es solche Menschen und als Folge davon ist Gottes Volk allzu oft vom Feind beraubt worden:

„Doch ist es jetzt noch ein beraubtes und ausgeplündertes Volk. Sie sind allesamt in Löchern gefesselt, und in Kerkern werden sie versteckt gehalten. Sie sind zur Beute geworden, und da ist kein Erretter, zur Plünderung, und niemand sagt: Gib wieder her!"

(Jesaja 42,22)

Wir aber können zu denen gehören, die durch Jesus Christus und unter Führung des Heiligen Geistes den Einfluss des Feindes auf das Leben anderer Christen beseitigen. Jesus hat sein Werk am Kreuz vollendet, aber es begeistert ihn, wenn seine Jünger seine Autorität über den Feind ausüben, um wieder einen Sieg in irgendeinem Lebensbereich eines anderen Christen zu erringen.

Einzelne Schritte im Gebet zur Befreiung
von ungöttlichen Seelenbindungen

Nehmen wir einmal an, Gott sagt, dass jetzt eine gute Gelegenheit für Sie ist, sich mit Beziehung, die in seinen Augen nicht ganz in Ordnung ist und die einen negativen Einfluss auf Ihr Leben hatte, zu befassen. Nehmen wir weiter an, Sie haben zwei Menschen, denen Sie vertrauen und die Ihr Pastor für geeignet hält, Ihnen zur Seite zu stehen und Sie im Gebet zu begleiten.

Wie diese Gebetszeit dann konkret aussehen mag, hängt ganz davon ab, wie der Heilige Geist Sie führt und unter Ihnen seine Gaben verteilt. Dennoch möchte ich im Folgenden einige Schritte aufführen, von denen ich denke, dass es nützlich ist, ihnen zu folgen. Diese Schritte sind eine Zusammenfassung der Prinzipien, die in der jeweiligen Phase des Gebetsdienstes gelten. Ergänzen möchte ich diese durch einige wichtige Bibelstellen, die wir uns in diesem Buch bereits angesehen haben.

Es ist wichtig, dass Sie mit Ihren Worten und in Ihren Gebeten deutlich machen, dass es Ihnen wirklich ernst damit ist, Freiheit in Christus zu erfahren. Zu jedem Schritt formuliere ich einen Vorschlag, wie man in der betreffenden Phase beten kann und habe Lücken im Text gelassen, um Namen oder persönliche Details einzufügen. Wenn Sie jedoch eigene Worte gebrauchen wollen, die sinngemäß dem entsprechen, was hier niedergeschrieben ist, dann ist das umso besser.

1. Schritt: Um welche konkrete Beziehung geht es Gott?

Formulieren Sie eindeutig, welche konkrete Beziehung Gott in sein Licht stellen möchte und bekennen Sie, was in Gottes Sicht an dieser Beziehung falsch gewesen ist. Dabei kann die Verantwortung für die Sünde entweder bei Ihnen, bei der anderen Person oder bei beiden liegen. Sie müssen allerdings vom Heiligen Geist überführt sein, dass an der betreffenden Beziehung etwas falsch war. Sonst kommen Ihr Bekenntnis und Ihre Umkehr nicht von Herzen.

Reagieren Sie niemals allein auf die Vorstellungen und Meinungen anderer Leute.

Es ist gleichgültig, wann diese Beziehung bestanden hat; wenn Sie heute Gottes Wahrheit darüber erkennen, dann können Sie diese Beziehung auch heute unter die Herrschaft von Jesus bringen und frei werden, indem Sie seinen Wegen folgen. Jesus sagt:

> *„Wenn ihr in meinem Wort bleibt, so seid ihr wahrhaft meine Jünger; und ihr werdet die Wahrheit erkennen, und die Wahrheit wird euch frei machen."*

(Johannes 8,31-32)

Ein Vorschlag (Gebet):

Vater Gott, ich erkenne nun, dass die Beziehung, die ich mit *(Name der Person)* _____ habe (hatte), in deinen Augen nicht in Ordnung ist. Ich stimme dir zu, dass diese Beziehung falsch ist, weil *(genauer Grund)* _____ .

2. Schritt: Habe ich in dieser Beziehung gesündigt?

Bekennen Sie alle Aspekte, die in dieser Beziehung nicht dem Willen Gottes entsprochen haben. Haben Sie zugelassen, dass diese Beziehung außerhalb der von Gott gesetzten Grenzen gelebt wurde? Haben Sie sich der betreffenden Person in einer Weise angepasst oder ausgeliefert, die nicht in Ordnung war? Haben Sie sich gefühlsmäßig oder sexuell mit dieser Person in einer Weise verbunden, von der Sie nun erkennen, dass es nicht das war, was Gott für Sie wollte? Bedenken Sie, dass Ihr Bekenntnis nicht mehr ist als Ihre persönliche Zustimmung zu etwas, was Gott ohnehin schon immer wusste. Er hat geduldig darauf gewartet, bis Sie in der Lage sein würden, diese Beziehung mit seinen Augen zu sehen und mit ihm wieder ins Reine zu kommen. Die Bibel verspricht uns dazu:

„Wenn wir unsere Sünden bekennen, ist er treu und gerecht,
dass er uns die Sünden vergibt und uns reinigt von jeder
Ungerechtigkeit."

(1. Johannes 1,9)

Ein Vorschlag (Gebet):

Vater Gott, ich bekenne dir, dass ich in dieser Beziehung gesündigt habe, indem ich *(genauer Grund)* _____
_____. Es tut mir leid, und ich entscheide mich, von allem umzukehren, was dazu geführt hat, dass diese Beziehung einen negativen Einfluss auf mein Leben nehmen konnte. Bitte vergib mir und reinige mich von allem, das vor dir nicht in Ordnung war, durch Jesus, meinen Erlöser.

3. Schritt: Wem muss vergeben werden?

Vergeben Sie allen, die sie missbraucht, kontrolliert, eingeschüchtert oder betrogen haben, oder die in irgendeiner Weise in einer negativen Beziehung zu Ihnen standen, indem sie Sie (bewusst oder unbewusst) unter einem gemeinsamen Joch festgehalten haben, das in Ihrem Leben Unordnung oder Verletzungen hervorgerufen hat. Bedenken Sie auch, dass vergeben nicht bedeutet, dass die betreffende Sache nicht so wichtig war oder dass die betreffende Person nicht schuldig war. Es bedeutet nur, dass wir das tun, was Jesus uns aufgetragen hat: diesen Menschen nichts mehr vorzuwerfen und es Gott zu überlassen, mit der Ungerechtigkeit in geeigneter Weise umzugehen:

„Und wenn ihr steht und betet, so vergebt, wenn ihr etwas
gegen jemand habt, damit auch euer Vater, der in den
Himmeln ist, euch eure Übertretungen vergebe."

(Markus 11,25)

Ein Vorschlag (Gebet):

Vater Gott, danke, dass du mir vergeben hast. Ich entscheide mich nun selbst auch *(Name der Person)* _____ _____ zu vergeben, was er (sie) mir angetan hat. Ganz besonders vergebe ich ihm (ihr) die Sünde, dass *(genaue Bezeichnung)* _____. Im Namen Jesu.

4. Schritt: Zeit, loszulassen

Entscheiden Sie sich, loszulassen. Lösen Sie sich von jedem negativen Einfluss, den diese Beziehung auf Sie gehabt hat. Wenden Sie sich einfach davon ab. Dazu mag es notwendig sein, dass Sie aktiv werden und Gewohnheiten ändern oder sich von Dingen trennen, die Sie sehr stark mit dieser Beziehung in Verbindung bringen und die weiterhin eine Brücke hin zu dieser Beziehung sein könnten. Ich erinnere mich an eine junge Frau, der Gott deutlich machte, dass sie einen Ring loswerden sollte, der ihr von einer sehr dominanten Großmutter gegeben worden war, noch dazu in der Absicht, sie dadurch zu manipulieren. Manchmal machen erst unsere Handlungen in der unsichtbaren Welt richtig deutlich, dass wir es ernst meinen. Jesus hat seine Jünger gelehrt:

> *„Und wenn jemand euch nicht aufnehmen noch eure Worte hören wird – geht hinaus aus jenem Haus oder jener Stadt und schüttelt den Staub von euren Füßen!"*
>
> (Matthäus 10,14)

Ein Vorschlag (Gebet):

Vater Gott, ich erkläre nun, dass ich *(Name der Person)* _____ _____ vollständig vergebe und freilasse. Zugleich entscheide ich mich, mich vollständig von ihr zu lösen und mich von allem negativen Einfluss, den diese

Beziehung auf mich gehabt hat, abzuwenden. Ich entscheide mich, jeden Aspekt dieser Beziehung ans Licht und unter die Autorität von Jesus zu bringen.

5. Schritt: Das Durchbrechen ungöttlicher Seelenbindungen

Jesus sagt uns, „*Wenn ihr etwas auf der Erde löst, wird es im Himmel gelöst sein.*" (Matthäus 18,18). Wenn die Anrechte des Feindes erstmal beseitigt sind, weil wir uns in Bekenntnis, Umkehr und Vergebung mit Jesus eins gemacht haben, kann der Feindes nicht mehr in die von Gott nicht gewollte Beziehung hineinwirken. Durch den Glauben an Jesus und seinen Sieg über die Werke des Teufels können wir nun die Auflösung der unsichtbaren Bindung an die andere Person für uns in Anspruch nehmen.

Ein Vorschlag (Gebet):

Ich löse mich nun vollständig von dem Einfluss dieser Beziehung, die nicht nach Gottes Willen war. Durch den Glauben an Jesus und seinen Sieg über die Macht des Feindes am Kreuz erkläre ich nun, dass diese ungöttliche Seelenbindung zwischen mir und *(Name der Person)* _____
_____ durchbrochen ist. Im Namen Jesu! Amen!

6. Schritt: Empfangen Sie Gottes Heilung für Ihre Seele

Nun brauchen Sie Heilung für die Wunden Ihrer Seele. Auch Tiere, die längere Zeit unter einem unpassenden schweren Joch gearbeitet haben, brauchen normalerweise an der Stelle, wo das Joch drückte, etwas Pflege für das verwundete Fleisch. Wo wir durch ungöttliche Seelenbindungen hin und her gerissen wurden, werden Verstand, Wille und Gefühle wahrscheinlich Verletzungen davon getragen haben. Gott aber möchte unsere Seele wieder zur Ruhe und zum Frieden zurückbringen. Indem wir den geistlichen Schutz und die Herrschaft von Jesus über jeden Bereich unseres

Lebens zulassen, werden wir wieder in ein rechtes Verhältnis zu Gott gebracht und alles, was Schaden genommen hat, kann er wieder in Ordnung bringen, denn er hat versprochen:

> *„Nehmt auf euch mein Joch, und lernt von mir! Denn ich bin sanftmütig und von Herzen demütig, und ihr werdet Ruhe finden für eure Seelen."*
>
> (Matthäus 11,29)

Seien Sie nicht überrascht, wenn dabei Zorns oder auch Tränen in Ihnen hochkommen. Das Lösen ungöttlicher Seelenbindungen kann sehr schmerzhafte Bereiche in uns an die Oberfläche bringen. Negative Beziehungen können unglaublichen Herzschmerz verursachen.

Ein Vorschlag (Gebet):

Vater Gott, durch Jesus Christus unterstelle ich meine ganze Seele bewusst deiner Herrschaft und empfange Heilung und Frieden für alle Bereiche, die durch diese Beziehung verwundet und aufgerührt worden sind. Danke, dass du mein Denken, Wollen und Fühlen wieder in Ordnung bringst. Ich überlasse Jesus all meine Gefühle von Angst, Zorn, Trauer und Scham.

7. Schritt: Empfangen Sie Gottes Wiederherstellung für Ihren Geist

Beziehungen, die uns sehr viel bedeutet haben, die aber außerhalb der Grenzen von Gottes Ordnung waren, können uns großen Schaden zufügen. Anbetung falscher Götter, falsche sexuelle Aktivitäten, Verrat und Missbrauch tun dem menschlichen Geist Gewalt an und verwunden tief. In Maleachi 2,15 lesen wir:

> *„So hütet euch bei eurem Leben! Und an der Frau deiner Jugend handle nicht treulos!"*

Oft wissen Menschen in ihrem Herzen ganz genau, wenn eine sexuelle oder missbräuchliche Beziehung außerhalb von Gottes Ordnung eine tiefgehende Wirkung auf sie gehabt hat. Bei bestimmten Gelegenheiten verspüren sie vielleicht sogar eine unsichtbare, aber sehr intensive Gegenwart dieser Person, selbst wenn die letzte Begegnung schon Jahre zurückliegt. Das kann sich für den Betroffenen durchaus so anfühlen, als ob etwas von seiner eigenen Persönlichkeit verloren, beschädigt oder beschmutzt worden sei.

Sexuelle Vereinigung, wie Gott sie gemeint hat, soll zwei Menschen sehr tief miteinander verbinden. Wobei die körperliche Vereinigung nur ein Abbild der geistigen Vereinigung ist. Paulus erklärt uns in 1. Korinther 6,16, dass dieses Prinzip auch gilt, wenn Geschlechtsverkehr außerhalb von Gottes Ordnung stattfindet. Auch dann werden zwei Menschen auf das Tiefste miteinander verbunden, nur entsteht daraus eine anhaltende und schädliche Gebundenheit, im Gegensatz zu der Freude, die eine von Gott gewollte und gewirkte Vereinigung zweier Menschen mit sich bringt:

„Oder wisst ihr nicht, dass, wer der Hure anhängt, ein Leib mit ihr ist?"

Wie wir schon in Kapitel 5 gesehen haben, bedeutet das Wort, das hier mit „anhängen" übersetzt wird, genau genommen so viel wie „zusammenkleben"!

In solchen Beziehungen kann es sehr hilfreich sein, Gott zu bitten, Ihren Geist wieder von dem Geist der anderen Person trennen und die Unversehrtheit Ihrer ganzen Persönlichkeit wiederherzustellen. Nur Gott ist in der Lage, die Verletzung in Ihrem Herzen, die durch den unrechtmäßigen Eingriff einer anderen Person geschehen ist, zu sehen und damit in angemessener Weise umzugehen. Sie können durch Bekenntnis und Vergebung zu ihm kommen und um Reinigung von jeder Verunreinigung Ihres Geistes, Ihrer Seele oder Ihres Leibes bitten. Paulus fordert uns dringend auf:

> *„So wollen wir uns reinigen von jeder Befleckung des Fleisches*
> *und des Geistes und die Heiligkeit vollenden in der Furcht*
> *Gottes."*
>
> (2. Korinther 7,1)

Auch können wir Gott um Worte und Schriftstellen bitten, die helfen, die tiefen Wunden in unserem Geist zu heilen.

Ein Vorschlag (Gebet):

Vater Gott, du weißt, welche Auswirkung diese falsche Beziehung auf meinen Geist gehabt hat. Durch Jesus, meinen Herrn, bitte ich dich, meinen Geist, meine Seele und meinen Leib von aller Verunreinigung zu befreien und jeden Bereich meiner Persönlichkeit heil zu machen. Bitte nimm jeden Teil von *(Name der Person)* ___ _____, der/die in falscher Weise mit mir verbunden war, von mir.

8. Schritt: Der Umgang mit negativen Bindungen,
die über den Tod hinausgehen

Wir haben darüber gesprochen, dass sogar an Menschen, die schon gestorben sind, negative Bindungen bestehen können, da der Geist eines Menschen mit dem körperlichen Tod nicht aufhört zu existieren. In seinem Gleichnis von dem reichen Mann und Lazarus berichtet Jesus:

> *„Es geschah aber, dass der Arme starb und von den Engeln in*
> *Abrahams Schoß getragen wurde. Es starb aber auch der*
> *Reiche und wurde begraben. Und als er im Hades seine Augen*
> *aufschlug..."*
>
> (Lukas 16,22-23)

Der Feind kann Sie auch an einen bereits verstorbenen Menschen gebunden halten, wenn zu Lebzeiten zu dieser Person eine nicht von Gott gewollte Beziehung bestanden hat. Auch in diesem Fall können Sie die oben genannten Schritte durchgehen, nur sollten Sie darauf achten, während der Gebete die verstorbene Person in keiner Weise direkt anzusprechen. Auch in den folgenden Fällen könnte eine nicht von Gott gewollte Bindung an den Geist einer verstorbenen Person bestehen:

a.) Wenn Sie bewusst oder unbewusst, durch z. B. Abtreibung, eine Fehlgeburt oder eine tödlichen Unfall, direkt mit dem vorzeitigen Tod der betreffenden Person zu tun hatten. In 1. Mose 4,11 lesen wir, dass Kain als Folge des Mordes an seinem Bruder unter einen Fluch gekommen ist.

> *„Und nun, verflucht seist du von dem Ackerboden hinweg, der seinen Mund aufgerissen hat, das Blut deines Bruders von deiner Hand zu empfangen!"*

b.) Wenn Sie z. B. durch bestimmte Rituale, Spiritismus oder Ahnenverehrung versucht haben, in Verbindung mit der verstorbenen Person zu treten. 5. Mose 18,11-12 sagt sehr deutlich: *„... Bannsprecher oder Totenbeschwörer oder Wahrsager oder der die Toten befragt. Denn ein Gräuel für den HERRN ist jeder, der diese Dinge tut."*

Bei jeder dieser negativen Bindungen, die mit dem Tod eines Menschen in Verbindung stehen, ganz besonders aber bei Abtreibungen und Fehlgeburten, kann eine besonderer Befreiungsdienst, wie gleich in Schritt 9 beschrieben, notwendig sein. Es ist zum Beispiel nicht auszuschließen, dass in solchen Fällen unreine Geister des Todes den Mutterleib verunreinigt haben.

Erinnern wir uns, dass Jesus im Augenblick des Todes seinen Geist in die Hände seines Vaters legte: *„Vater, in deine Hände übergebe ich meinen Geist!"* (Lukas 23,46). Nach diesem Vorbild können wir sicherstellen, dass wir jeden Verstorbenen, zu dem wir während des Lebens in einer näheren Beziehung standen, in rechter Weise Gott anbefohlen haben.

Ein Vorschlag (Gebet):

Vater, du kennst meine Gefühle in Bezug auf diese Person, die gestorben ist. Ganz bewusst vertraue ich ihren Geist jetzt deiner Autorität an. Ich lasse los und befehle diesen Menschen dir an. Bitte reinige mich von aller Verunreinigung im Zusammenhang mit ihrem Tod und von jedem ungöttlichen Einfluss, den die Beziehung auch jetzt noch auf mich haben könnte.

9. Dämonische Mächte hinauswerfen

Wenn Sie den Eindruck haben, dass auch dämonische Mächte über die betreffende Seelenbindung gewirkt haben, dann sprechen Sie den oder die unreinen Geist(er) an und befehlen ihnen zu gehen. Je nachdem, von welcher Art die Beziehung war, könnten dies zum Beispiel Geister der Furcht, der Kontrolle oder der sexuellen Verirrung sein. **Bitte bedenken Sie, dass das Hinauswerfen unreiner Geister kein Gebet ist.** Es handelt sich dabei vielmehr um das Ausüben der Vollmacht, die wir in Christus haben, um damit unter der Salbung des Heiligen Geistes die Mächte der Finsternis anzusprechen und hinauszuwerfen. Jesus gebrauchte nur sehr wenige, einfache Worte, wenn er unreine Geister austrieb. Er übte die ihm eigene Vollmacht aus und unterband jeden Versuch der Geister, Einfluss auf die Situation zu nehmen. In der Begebenheit im ersten Kapitel des Markusevangeliums zum Beispiel wies er den Geist einfach scharf zurecht und befahl: *„Verstumme und fahre aus von ihm!"* (Vers 25).

Ein Vorschlag:

Ich wende mich an die Mächte der Finsternis, speziell an den Geist der/des *(nennen Sie den Bereich der Gebundenheit)* _____ _____, der die Finsternis dieser ungöttlichen Seelenbindung benutzt hat, um Gebundenheit in mein Leben zu bringen. Unter der Herrschaft von Jesus Christus,

meinem Herrn, befehle ich dir, zu schweigen und nun herauszu-
kommen.

Unter Umständen ist es hilfreich, wenn der Bruder oder die
Schwester, die Ihnen zur Seite stehen, diesen Befehl an den unreinen Geist mit eigenen Worten noch einmal wiederholen.

Zusammenfassung

Jesus hat die Macht Satans, Menschen durch negative Beziehungen
in geistlicher Finsternis gebunden zu halten, vollständig überwun-
den. Obwohl Jesus sein Werk am Kreuz vollendet hat, erwartet
Gott von uns, dass wir auf das eingehen, was er uns bezüglich der
geistlichen Gebundenheit, die Körper, Seele und Geist beeinträchtigen kann, gezeigt hat – und entsprechend reagieren. Wenn wir
seiner Sicht über unsere Sünden zustimmen und denen vergeben,
die an uns gesündigt haben, dann erlangen wir innere Freiheit und
Heilung für jeden Schaden in unserem Leben, der daraus entstanden ist, weil wir in negativer Weise an andere gebunden waren.

Das Zerbrechen einer ungöttlichen Seelenbindung ist nicht
einfach eine Heilungsmethode, über die wir nach Belieben verfügen oder die wir nach Gutdünken einsetzen können. Es ist vielmehr ein ganz konkreter und wunderbarer Zugang zur Freiheit –
für Menschen, die Jesus nachfolgen; einzig und allein abhängig
von der Gnade und Barmherzigkeit Gottes, die durch das Werk
am Kreuz wirksam wird, wenn wir im Glauben zu dem „Hüter
unserer Seelen" kommen.

Es wäre allerdings sinnlos, von den negativen Beziehungen der
Vergangenheit frei zu werden, wenn wir von da an nicht sorgfälti-
ger mit unseren gegenwärtigen und zukünftigen Beziehungen umgehen. Wir wollen nun sehen, wie man auch frei bleiben kann.

Kapitel 10

||||||||||||||||||||||||||||||||||||||||||||||||||||||||||||||||||||||||||||||||||||||||||||||||||||||||||||||||||||||||||

Frei bleiben

In Zukunft in von Gott gesegneten Beziehungen leben

Einige abschließende Fragen zu seelischen Bindungen

In diesem letzten Kapitel wollen wir einige abschließende Fragen zum Thema Seelenbindungen beantworten und dann vorwärtsgerichtet sehen, wie wir mit der Hilfe Gottes in Zukunft miteinander in positiven Beziehungen, die er auch segnen kann, leben können. Aus guten Beziehungen erwachsen Bindungen, wie Gott sie gewollt hat, die unser Leben bereichern und unserer von Gott gegebenen Persönlichkeit volle Freiheit lassen.

In den vielen Jahren, in denen wir nun schon dafür arbeiten, dass Menschen in die gottgegebene Freiheit für ihr Leben hineinkommen, indem wir die Bande aus nicht von Gott gesegneten Beziehungen lösen, wurden uns immer wieder bestimmte Fragen zu diesen Prinzipien der Heilung gestellt. Wir hoffen, dass dieses Buch durch die Art und Weise, wie wir dieses wichtige Thema behandelt haben, viele dieser Fragen beantworten konnte. Abschließend noch einige Fragen, die womöglich bisher noch unbeantwortet geblieben sind...

Frage: Wenn eine Seelenbindung zu jemandem, mit dem ich eine negative Beziehung hatte, zerrissen wird, kann mir das spürbare Freiheit bringen. Aber welche Auswirkungen hat dies auf die andere Person?

Antwort: Wenn wir andere durch unser Bekenntnis, Vergebung und das Zerreißen der seelischen Bindung loslassen, bedeutet das zunächst nur, dass unser eigenes Leben von geistlicher Finsternis befreit wird. Die andere Person muss ihren Weg in die Freiheit selbst mit Gott ausmachen. Wir kennen aber viele Berichte von Menschen, die sagen, dass nach einem derartigen Gebet auch bei der anderen Person erstaunliche Reaktionen erfolgt sind (selbst wenn diese gar nichts von dem Gebet wusste), so als ob diese auch gespürt hätte, dass etwas Einschneidendes und Herausforderndes in ihrem Leben geschehen sei.

Frage: Wenn ich in meiner Familie oder im Freundeskreis negative Beziehungen sehe, kann ich dann dafür beten, dass diese ungöttlichen Seelenbindungen gelöst werden?

Antwort: Jeder Mensch ist in Beziehungsfragen allein für sich verantwortlich und muss diese selbst vor Gott klären. Unsere Fürbitte in Übereinstimmung mit Gott, der Menschen grundsätzlich immer frei machen will, kann jedoch dazu beitragen, die geistliche Blindheit wegzunehmen, die der Heilung im Wege steht.

Frage: Werde ich in jedem Fall spüren, wenn eine Seelenbindung gelöst worden ist?

Antwort: Oft weiß ein Mensch, der von einer ungöttlichen Seelenbindung befreit wurde, unmittelbar, dass etwas geschehen ist. Andere stellen fest, dass sie sich nach dem Gebetsdienst langsam, aber sicher, immer besser fühlen. Wenn ein Mensch von den Fesseln der ungöttlichen Bindung erst einmal frei ist, kommt es aber auch häufig vor, dass er sich dann mit den emotionalen Wunden aus dieser Beziehung auseinandersetzen muss. Gott möchte uns heilen, aber das kann Zeit in Anspruch nehmen.

Frage: Können auch seelische Bindungen an bestimmte Organisationen, die nicht Gott dienen, gebrochen werden?

Antwort: Nehmen wir einmal an, Sie haben sich einer Organisation anvertraut, in der Gott keine Rolle spielt. Das kann eine esoterisch orientierte Therapiegruppe sein oder auch ein Wirtschaftsunternehmen, in dem Sie eine Arbeitsstelle gefunden haben, und später feststellen, dass dort mit Kontrolle oder anderen negativen Methoden gearbeitet wird. Dann sollten Sie zunächst jede eigene Beteiligung an falschen Handlungen Gott gegenüber bekennen. Aber danach kann es auch sehr wichtig sein, dass jede unsichtbare Bindung an Mitglieder, Mitarbeiter oder Leiter dieser Organisation oder Firma gelöst wird und Sie sich von allem lossagen, was mit dieser Organisation zu tun hat und einen geistlichen Einfluss auf Sie hatte.

Frage: Hat Jesus als er hier auf der Erde war, jemals seelische Bindungen zwischen Menschen gelöst?

Antwort: Nach allem, was die Bibel berichtet, hat Jesus, wenn er Menschen von geistlicher Gebundenheit befreite, nur wenige Worte gebraucht, aber das mit ungeheurer Autorität und durchschlagender Wirkung. Als er zum Beispiel die Frau, die beim Ehebruch ergriffen wurde, vor der Strafe für ihre Sünde bewahrte, entwaffnete er zunächst den Feind (der sie durch die Umstehenden anklagte), dann beseitigte er den geistigen Einfluss der Finsternis in ihrem Leben, der aus der Beziehung außerhalb von Gottes Ordnung erwachsen war. Dazu sprach nur wenige, aber kraftvolle Worte: *„Auch ich verurteile dich nicht. Geh hin und sündige von jetzt an nicht mehr!"* Damit war jedes geistige Band zu dem Geschehen und zu dem Partner, mit dem sie Ehebruch begangen hatte, zerrissen. Danach war sie frei, weiterzuleben und ihre Beziehung mit Gott war wieder in Ordnung.

Wenn wir zusammen beten und eine seelische Bindung lösen, dann kommt dabei praktisch genau das gleiche Prinzip zum

Ausdruck: „Durch Jesus ist dir vergeben und der Feind hat kein
Recht mehr, diese Beziehung als ein Einfallstor für die Finsternis
in deinem Leben zu benutzen. Du bist nicht mehr unter Ver-
dammnis. Sei frei, aber achte sorgfältig auf die Beziehungen, die
du in der Zukunft eingehst."

In göttlicher Freiheit weitergehen

Wir haben uns nun sehr intensiv mit der Vergangenheit beschäftigt, aber wie schaffen wir es, von jetzt an in Bezug auf unsere
Beziehungen mit Gott im Reinen zu bleiben?

Mit Beziehungen im Reich Gottes gibt es da nämlich gewis-
sermaßen ein Problem. Gott möchte, dass wir uns einander unterordnen, doch für viele von uns war gerade Unterordnung in der
Vergangenheit mit enormen Leid, Schmerz und Missbrauch verbunden. So kann leicht die Haltung entstehen, dass man besser
vorsichtig ist und am besten gar nicht erst jemanden an sich heran
lässt.

Der Apostel Petrus erinnert uns jedoch daran, dass wir in
Christus einen neuen „Hüter unserer Seelen" haben:

> *„Denn ihr gingt in der Irre wie Schafe, aber ihr seid jetzt*
> *zurückgekehrt zu dem Hirten und Aufseher eurer Seelen."*
> (1. Petrus 2,25)

Ihm können wir unsere Beziehungen beruhigt anvertrauen. Natürlich müssen wir darauf achten, bis zu welchem Grad wir uns in
Beziehungen hineingeben und ganz sicher müssen wir aufpassen,
mit wem wir engere Beziehungen eingehen. Denn selbst Jesus hat
sich nicht einfach jedem anvertraut:

> *„Jesus selbst aber vertraute sich ihnen nicht an, weil er alle*
> *kannte..."*
> (Johannes 2,24)

Jesus liebte und akzeptierte jeden Menschen, dem er begegnete, bedingungslos. Genauso vergab er jedem, der ihn angriff oder schlecht behandelte. Dennoch ließ er die Menschen, die ihn umgaben, unterschiedlich nah an sich heran. Das galt selbst für die Jünger. Manchmal wählte er gezielt Jünger aus, die ihn als einzige bei bestimmten Gelegenheiten begleiten durften. Mit einigen von ihnen, besonders mit Johannes, schien ihn sogar eine besonders enge Freundschaft zu verbinden.

Die Prinzipien, die Jesus uns lehrte, sind grundsätzliche Anweisungen, wie wir mit unseren Mitmenschen, innerhalb und außerhalb der Gemeinde, umgehen sollen. Wir alle in der Gemeinde werden Jesus hoffentlich immer ähnlicher werden, aber davon sind wir noch weit entfernt. Und da wir noch nicht vollkommen sind, brauchen wir einige Regeln für den Umgang miteinander. Einander zu vergeben, wenn wir verletzt worden sind, ist eine dieser Grundregeln in Gottes Reich. Die jeweiligen Grenzen der Nähe und des Vertrauens können wir aber nur in jedem gegebenen Fall neu ausloten, indem wir Weisung von Gott suchen.

Wie nah wir die Menschen, denen wir begegnen, jeweils an uns heranlassen, müssen wir unter der Leitung von Jesus selbst herausfinden, und wir dürfen ihn da vertrauensvoll um Rat fragen. Wirkliche Beziehungen erfordern zwar in jedem Fall ein gewisses Maß an gegenseitiger Hingabe, aber nur Jesus weiß, bis zu welchem Grad das gut für uns ist. Im Laufe dieses Buches haben wir mehrere Male auf die Aufforderung *„Ordnet euch einander unter in der Furcht Christi"*, die Paulus uns in Epheser 5,21 gab, Bezug genommen. Doch in manchen Beziehungen reagieren wir eher aufgrund unserer Menschenfurcht als aus Ehrfurcht vor Christus. Es ist uns dann womöglich viel wichtiger, was andere sagen oder denken, als dass wir den Geboten, die Jesus uns gegeben hat, folgen. Die Ehrfurcht vor Christus ist aber kein Gefängnis für unsere Gefühle, sondern etwas, das uns tiefe Sicherheit und Geborgenheit geben soll.

Für viele Menschen, die in ihrer Kindheit in Beziehungen ausgesprochen negative Erfahrungen gemacht haben, kann es im

Erwachsenenalter sehr schwierig sein, die richtigen Grenzen für ihre Freundschaften auszuloten und einzuhalten. Es dauert möglicherweise einige Zeit, bis man gelernt hat, wie viel man von sich selbst preisgeben darf und wie viel man besser zurückhält. Menschen, die sehr viel Ablehnung erlebt haben, können leicht von anderen kontrolliert werden, weil sie unbewusst große Angst davor haben, wieder abgelehnt werden. Sie versuchen deshalb, sich ihrer Umwelt möglichst gut anzupassen. Und wer in seinem Leben schon oft oder sehr schwerwiegend betrogen worden ist, kann unter Umständen große Probleme haben, irgendjemand anderem oder sogar Gott zu vertrauen.

Gott will nicht, dass andere uns überfahren, unsere persönliche Integrität missachten oder uns kontrollieren, nur damit seine Ziele erreicht werden. Bis zu dem Moment, als Jesus sich als das eine und einzig vollkommene Opfer bewusst dem Willen seiner Gegner überließ, hat er niemals zugelassen, dass irgendjemand ihn kontrollierte oder einfach über ihn bestimmte. Wir lesen von folgender Begebenheit:

> *„Und sie... führten ihn bis an den Rand des Berges... um ihn so hinabzustürzen. Er aber schritt durch ihre Mitte hindurch und ging weg."*
>
> (Lukas 4,29-30)

Er war gekommen, um Männern und Frauen zu dienen, nicht um von ihnen für ihre Zwecke missbraucht oder herumgeschubst zu werden.

Hüten Sie sich vor den Fallstricken des Feindes

Der Feind verfolgt das Ziel, im Leben von Menschen möglichst viel geistige Macht zu gewinnen und diese dann zu festigen. Das gilt ganz besonders im Leben von Menschen, die bewusst und aktiv Jesus nachfolgen. Er versucht dies unter anderem dadurch zu erreichen, dass er uns in Beziehungen verstrickt, bei denen wir in negativer Weise an andere gebunden oder von ihnen negativ beeinflusst werden. Dieser negative Einfluss kann über unsere Gefühle, über unsere Sexualität oder auch über okkulte Mächte erfolgen. Wenn wir verzweifelt sind, dann sind wir am angreifbarsten, und dann kann es passieren, dass wir uns Menschen zuwenden und uns ihnen hingeben, die bewusst oder unbewusst in der Finsternis leben.

Ich erinnere mich an Rebekka, die unter Menschen, die Hexerei praktizierten, neue Freunde gefunden hatte. Sie war allein in ihrer Wohnung, verzweifelt und einsam, und eines Tages ging sie ohne besondere Absicht in einen Esoterik-Shop. Dort begegnete man ihr mit Freundlichkeit und im Laufe mehrerer Besuche vertieften sich die Beziehungen. Von diesen Menschen fühlte sie sich zum ersten Mal in ihrem Leben wirklich angenommen. Diese Menschen spielten von da an eine wichtige Rolle in ihrem Leben, doch dann traf sie einige Christen und erkannte, wie sehr Jesus sie liebte. Da erst wurde ihr bewusst, in welcher geistlichen Finsternis ihre Freunde aus der Esoterikszene lebten und sie erkannte, welche Macht die okkulten Mächte, denen sie sich geöffnet hatte, über sie hatten. Von dem geistlichen Einfluss dieser Gruppe wieder frei zu werden, erforderte für sie ein beträchtliches Maß an Entschlossenheit und Gebet. Der Feind hatte Rebekkas Verzweiflung benutzt, um sie in eine Falle zu locken. Aber Gott ist größer und reagierte auf ihr tiefes Verlangen, ihn zu finden und während sie sich im Gebet ihrer Vergangenheit stellte, machte er sie von jedem negativen Einfluss frei.

Menschen können so leicht auf Abwege kommen, wenn sie verzweifelt nach Hilfe suchen, ganz besonders, wenn es sich um Heilung handelt. Das Wort Gottes ermahnt uns aber, uns trotzdem von Beziehungen fern zu halten, die außerhalb von Gottes Ordnung sind. Wir sollten sorgfältig auswählen, auf wem wir uns anvertrauen, wenn wir Hilfe brauchen. In 2. Korinther 6,14 warnt Paulus uns:

„Geht nicht unter fremdartigem Joch mit Ungläubigen! Denn
welche Verbindung haben Gerechtigkeit und Gesetzlosigkeit?
Oder welche Gemeinschaft Licht mit Finsternis?"

Wenn es sich um okkulte Praktiken oder magische Heilungsrituale
handelt, dann ist die Finsternis ziemlich offensichtlich. Wenden
wir uns an einen Therapeuten, der Heilungsmethoden anwendet,
die ihren Ursprung im Okkultismus haben, dann können wir sicher sein, dass dies eine Beziehung ist, die Gott nicht will, denn
allzu leicht können wir an den Therapeuten oder Heilpraktiker
geistlich gebunden werden. Diese Menschen haben oft durchaus
gute Absichten, aber Therapien wie Homöopathie, Hypnose, Akupunktur, Reflexzonenmassage und Irisdiagnose haben alle einen
okkulten Hintergrund und können uns in negativer Weise an den
Menschen binden, dem wir unser Leben hier anvertraut haben.

Manchmal ist der Einfluss der Finsternis aber auch weniger
offensichtlich. Menschen sind vielleicht rechtmäßige Autoritäten
in unserem Leben, aber sie missbrauchen diese Position uns gegenüber durch dominierende und destruktive Haltungen und Worte,
die nicht dem Charakter Gottes entsprechen. Auch das kann uns
an sie binden. Ärzte, Lehrer, Ehepartner und Eltern können uns
eine große Hilfe sein, unseren Weg zu finden. Erzeugen sie mit
ihren Worten oder ihrem Verhalten jedoch Angst in uns, dann ist
die ursprünglich von Gott gegebene Autorität womöglich durch
eine Form der Kontrolle verschmutzt worden, die mit Gott nichts
zu tun hat.

Auch von der Leitung einer Gemeinde kann unter Umständen
eine geistliche Kontrolle ausgehen, die Menschen in einer Weise
beeinflusst, die Gott nicht gutheißen kann, z.B. durch Gesetz-
lichkeit, Manipulation und sogar falsche Prophetie. Grundsätzlich
gilt: Wenn wir feststellen, dass wir von einem anderen Menschen
sehr stark abhängig geworden sind oder sogar Angst vor dieser
Person haben, dann wird es Zeit, diese Beziehung vor den Herrn
zu bringen. Er allein möchte derjenige sein, der unserem Leben die
Richtung gibt. Natürlich gebraucht er dazu auch andere Menschen,

aber niemals, indem diese uns einschüchtern oder unseren Willen beugen.

Ich erinnere mich an eine junge Frau, die viele Jahre sehr beunruhigt war, weil kurz nach ihrer Bekehrung eine sehr eindringliche und beunruhigende Prophetie über ihr ausgesprochen worden war. Als wir genauer nachfragten, stellte sich heraus, dass das Auftreten des Propheten damals nicht dem Charakter Gottes entsprochen hatte und dass sie auch von ihrem Pastor oder aus ihrer Gemeinde keine angemessene Hilfe bekommen hatte, um mit der Prophetie umzugehen. Als sie der Gemeindeleitung vergab und von der ungöttlichen Seelenbindung an diesen Propheten und der Macht, die er mit seinen Worte über sie ausübte, gelöst wurde, erlebte sie ein überwältigendes Gefühl der Freiheit und war von da an in der Lage, ihr Leben mit dem Herrn unbeschwert weiterzuleben.

Die Bibel warnt uns, dass wir in einer gefallenen und in weiten Teilen dunklen Welt leben und darum vorsichtig sein sollen:

> *„Seht nun genau zu, wie ihr wandelt, nicht als Unweise, sondern als Weise! Kauft die rechte Zeit aus! Denn die Tage sind böse."*

(Epheser 5,15-16)

Das alles sollte aber kein Grund sein, dass wir jetzt ängstlich und übervorsichtig werden, was unsere Beziehungen mit anderen Menschen angeht. Wir können unseren himmlischen Vater jederzeit danach fragen, was gut und richtig für uns ist. Er gibt demjenigen, der nach ihm fragt, nur zu gerne die Weisheit, die er braucht.

Bekenntnis und Vergebung

Es wird in unserem Leben immer Beziehungen geben, die in eine falsche Richtung laufen. Wir selbst werden höchstwahrscheinlich Fehler machen und auch andere werden uns nicht immer in einer

Weise begegnen, die dem Charakter Gottes entspricht. Vor kurzem haben meine Frau und ich ein Angebot für einen Gratisurlaub angenommen. Es handelte sich dabei um den Besuch einer Ferienanlage, bei dem wir auch einer Verkaufsveranstaltung beiwohnen sollten. Eine Verpflichtung war damit jedoch allem Anschein nach nicht verbunden. Als sich die Verkaufsrepräsentantin dann mit uns unterhielt, wurde ihr im Verlauf des Gesprächs klar, dass wir nicht zu jener Art von wohlhabenden, potenziellen Käufern gehörten, die sie sich erhofft hatte. Ihr schon vorher recht dominierendes Gehabe wechselte in eine schärfere Gangart und steigerte sich zu nur noch mühsam getarnten Beschimpfungen. Wir fühlten uns von Gott überführt und er machte uns sehr deutlich, dass wir dort überhaupt nichts zu suchen hatten. Anschließend hatten wir unsere Lektion zu lernen, indem wir uns wieder aus dem Einfluss dieser Frau und ihrer Kollegen lösen mussten, den wir dummerweise zugelassen hatten.

Wir können sehr dankbar sein, dass wir jederzeit mit Gott im Reinen bleiben können. Wenn wir unsere Sünden bekennen und denen vergeben, die uns in negativer Weise begegnet sind, dann sind wir in Freiheit und gehen ungebunden von schlechten Beziehungen durchs Leben. Wir sollten in jeder Situation versuchen, Gottes Sichtweise zu verstehen und uns damit eins machen; dann sollten wir bereit sein, uns von allem abzuwenden, was nicht in Ordnung ist und jedem zu vergeben, der uns verletzt hat. Das alles sollte mehr und mehr zu unserem Lebensstil werden.

Fazit

Wir sind am Ende dieses Buches über Seelenbindungen angekommen. Halten wir fest: Es gibt keine bestimmte Methode, wie wir die überwältigende Freiheit, die Jesus am Kreuz für uns erworben hat, für uns in Anspruch nehmen können. Aber es gibt in Gottes Wort einige Prinzipien, die, gegründet auf eine liebende Beziehung zu ihm, die geistliche Herrschaft über jedem Aspekt unseres Lebens grundlegend verändern können. Jesus nennt die geistliche Macht von Satan, dem Herrscher dieser Welt, Finsternis; seine eigene Herrschaft nennt er Licht.

In unserem Leben gab es viele gute und viele schlechte Beziehungen. Schlechte Beziehungen, die Gottes Gebote missachteten, führen in uns in Gebundenheit und geistliche Finsternis. Bringen wir diese Beziehungen durch Bekenntnis, Umkehr und Vergebung ans Licht, dann sind wir in der wunderbaren Lage, von allem, das uns durch eine ungöttliche Seelenbindung in der jeweiligen Beziehung gefangen gehalten hat, wieder frei zu werden. Gott möchte uns von jedem unterdrückenden Joch, das einen negativen Einfluss auf uns hat, befreien. Und er möchte, dass wir frei bleiben, doch dabei kommt auch uns eine wichtige Aufgabe zu:

> *„Für die Freiheit hat Christus uns frei gemacht. Steht nun fest und lasst euch nicht wieder durch ein Joch der Sklaverei belasten!"*

(Galater 5,1)

Für die Frau aus dem Johannesevangelium, Kapitel 8, die beim Ehebruch ergriffen wurde, war es sicherlich das wundervollste Wort, das sie je in ihrem Leben gehört hat, als Jesus in einer Aussage seine souveräne Macht gegen die verklagende Macht des Feindes setzte und damit gewann. Mit einem einzigen Wort befreite er sie von Gebundenheit und der Strafe, die normalerweise die Konsequenz solch einer sündigen Beziehung war. Jesus sagte einfach: *„Geh!"*

Welche vergangenen oder aktuellen Beziehungen gibt es in Ihrem Leben, von denen Gott vielleicht möchte, dass Sie diese heute ins Licht bringen? Er möchte Ihre Seele von allem befreien, was Sie von ihm wegziehen kann.

Warum fragen Sie ihn nicht einfach?

Über den Autor

David Cross leitet das Team von Ellel Ministries in Glyndley Manor, einem Zentrum für christliche Lehre und Heilung, in der Nähe von Eastbourne an der Südostküste Englands. Er ist studierter Bauingenieur, hat aber in seiner abwechslungsreichen beruflichen Laufbahn auch schon vieles andere gemacht. Unter anderem leitete er eine Zeit lang Skitouren in den schottischen Highlands. Obwohl seine Arbeit ihn sehr ausfüllte, empfand er zunehmend, dass seine Grundhaltung der „Selbstgenügsamkeit", die ihn bis dahin geprägt hatte, seinem Leben keinen wirklichen Inhalt geben konnte. Als er sich Anfang der achtziger Jahre in Hongkong Christus zuwandte, bekam sein Leben eine ganz neue Richtung. Seitdem folgt er mit Entschlossenheit Jesus nach. Nach seiner Rückkehr 1984 nach Großbritannien wurde er Presbyter in der Church of Scotland. 1993 schlossen er und seine Frau Denise sich dann Ellel Ministries an. Davids klare und bevollmächtigte Lehre aus dem Wort Gottes hat schon vielen Menschen, die in dem Wust moderner Ideologien die Orientierung verloren hatten, neues Verständnis und Heilung gebracht.

Über Ellel Ministries

Unsere Vision

Ellel Ministries ist eine überkonfessionelle christliche Organisation. Unsere Vision ist es, Gemeinden zu unterstützen und auszurüsten, indem wir für Menschen ein offenes Ohr haben, über das Reich Gottes lehren und Menschen in Not Heilung bringen (Lukas 9,11).

Unser Auftrag

Unser Auftrag ist, die oben beschriebene Vision in der ganzen Welt, wo immer Gott Türen öffnet, zu verwirklichen. Dabei lassen wir uns vom dem Missionsauftrag, den Jesus erteilte, leiten. Wir folgen der Berufung der Gemeinde, das Reich Gottes auszubreiten, indem wir die Gute Nachricht bekannt machen, Menschen mit zerbrochenen Herzen heilen und Gefangene frei setzen.

Auf dieser Grundlage widmen wir uns dem Dienst der Evangelisation, der Heilung und Befreiung, der Jüngerschaft und der Schulung in der Nachfolge Jesu. Unser Auftrag gründet sich insbesondere auf folgende Schriftstellen: Jesaja 61,1-7; Matthäus 28,18-20; Lukas 9,1-2 u. 11; Epheser 4,12 und 2. Timotheus 2,2.

Die Grundlage unseres Glaubens

Gott ist ein dreieiniger Gott.
Gott, der Vater, liebt jeden Menschen.
Gott, der Sohn, Jesus Christus, ist Retter und Heiler, Herr und König.
Gott, der Heilige Geist, wohnt in uns Christen und verleiht uns die dynamische Kraft, mit der wir befähigt werden, den Dienst Jesu fortzuführen.
Die Bibel ist die von Gott inspirierte letzte Autorität in allen Fragen des Glaubens, der Lehre und des Handelns.

Weitere Informationen

www.jmsmission.org – für deutsche Informationen.

www.ellelministries.org – mit umfassenden und aktuellen Informationen über die weltweite Arbeit von Ellel Ministries (bisher nur in Englisch).

Druckpunkt-Serie

Jill Southern
Sex
Gottes Wahrheit

Wir leben in einer sexualisierten Gesellschaft, von allen Seiten werden wir mit Entwicklungen und Meinungen konfrontiert, die viele Fragen aufwerfen. Einer Auseinandersetzung kann man sich als Christ nicht entziehen.

Viele Christen sind verunsichert und suchen Orientierung. Was sagt die Bibel? Was sind göttliche Normen?

Dieses Buch bietet biblische Positionen an. Ehe, Ehevorbereitung, Pornografie, Homosexualität, Masturbation, Missbrauch, Sexpraktiken, Versuchungen und Chancen – zu vielen relevanten Themen rund um Sexualität gibt es eine überschaubare Einführung und eine klare Darstellung aus christlicher Sicht.

Hoffnung, Vergebung und Wiederherstellung – das bietet Gott denen an, die bei diesem Thema zu Fall gekommen sind.

Ein wichtiges Buch für junge und alte Christen, für Seelsorger und Verantwortliche.

Dieses Buch ist Teil einer Serie. Es beruht auf dem bewährten Lehrmaterial von Ellel Ministries International.

Bestell-Nr.: 52 50414
ISBN 978-3-86773-019-8

Unsere Bücher erhalten Sie in jeder christlichen Buchhandlung oder direkt beim Verlag.

Druckpunkt-Serie

Paul & Liz Griffin
Zorn
Wie gehe ich damit um?

Zorn ist ein mächtiges Gefühl. Zorn kann die treibende Kraft sein, um scheinbar Unmögliches zu erreichen, ist aber meist die Ursache für Streit, Bitterkeit, zerbrochene Beziehungen und Gewalt.

Dieses Buch wird Ihnen helfen, Ihre eigenen Gefühle zu erkennen und besser zu verstehen. Viele Bibelstellen geben Hilfe, um zwischen gerechtem und ungerechtem Zorn zu unterscheiden und um die Wurzeln des Zorns zu finden.

Wie können Sie mit aufgestautem Ärger aus früheren Erlebnissen umgehen? Wie können Sie auf Situationen reagieren, die bei Ihnen normalerweise Zorn auslösen? Ist verdrängter Zorn ein Problem?

Hier finden Sie auch wichtige Anregungen, um „zornigen" Menschen helfen zu können.

Dieses Buch ist Teil einer Serie. Es beruht auf dem bewährten Lehrmaterial von Ellel Ministries International.

Bestell-Nr.: 52 50415
ISBN 978-3-86773-020-4

Unsere Bücher erhalten Sie in jeder christlichen Buchhandlung oder direkt beim Verlag.

Ken Hepworth
Enteigne den Feind

Es ist nicht selbstverständlich, dass Grundstücke, Gebäude und Gemeinden dem Herrn heilig sind - und damit frei von widergöttlichen Ansprüchen und Autoritäten. Ein Buch zu einem bisher unbeleuchteten Thema. Fundierte biblische Lehre und praktische Wege.

Bestell-Nr.: 52 50410
ISBN 978-3-938324-70-7

Ruth Hawkey
Der menschliche Geist
wie er arbeitet
was ihn verwundet
wie Gott ihn heilt

Kann es etwa sein, dass der Zustand des menschlichen Geistes Auswirkungen auf unseren Körper und unsere Seele hat? Und zwar zum Positiven oder zum Negativen? Gibt es eine „Gesundheit des Geistes"? Das vorliegende Buch gibt biblische Antworten auf diese und andere wichtige Fragen und schlägt Wege der heilenden Wiederherstellung und Erneuerung vor.

Bestell-Nr.: 52 50411
ISBN 978-3-938324-84-4

Ruth Hawkey

Für Kinder beten
Segen und Heilung für dein Kind erbitten

„Wo war meine Mutter, als ich sie brauchte?", „Warum sind
alle gegen mich?" Kinder erfahren Ängste, Verletzungen und
Ablehnung und sie sind in der heutigen Welt hart umkämpft.
Dies alles hinterlässt Spuren, die zwar nicht unbedingt sichtbar
sind, aber oft dauerhafte Auswirkungen haben.
Dies zu erkennen, einzuordnen und dann Gebete zu sprechen, die
Heilung und Lösungen erbitten, dazu will dieses Buch anleiten und
helfen.
Ein Buch für Eltern, Pastoren und Mitarbeiter in der Kinderarbeiter

Bestell-Nr.: 52 50413
ISBN 978-3-86773-006-8

*Ruth Hawkey hat
zusammen mit ihrem
Mann jahrelang
Menschen in der
Seelsorge gedient und
viele Seelsorger aus-
gebildet. Sie waren
mehrere Jahre verant-
wortliche Leiter von
Seelsorgezentren in
England und Kanada,
inzwischen hat Ruth
Hawkey mehrere
Bücher über Gebet und
Seelsorge geschrieben.*

Unsere Bücher erhalten Sie in jeder christlichen Buchhandlung oder direkt beim Verlag.

Peter Horrobin

Das stärkste Gebet der Welt
Das Wort der Vergebung

Das stärkste Gebet der Welt ist gleichzeitig auch
eines der einfachsten Gebete: „Vergebt einander,
wie Gott euch vergeben hat". Dieses Gebet zu
lernen und zu leben, das ist der Schlüssel zum
Beginn eines gesegneten Lebens in Frieden,
Freiheit und Gelassenheit. Dieses Buch ist
Dynamit und kann Sie und Ihr Umfeld entscheidend verändern!

Bestell-Nr.: 52 50412
ISBN 978-3-938324-85-1

Unsere Bücher erhalten Sie in jeder christlichen Buchhandlung oder direkt beim Verlag.
cap-music · Oberer Garten 8 · D-72221 Haiterbach-Beihingen
Tel.: 07456-9393-0 · Fax: 07456-9393-29 · Email: info@cap-music.de · Onlineshop: www.cap-music.de